www.ingramcontent.com/pod-product-compliance
Ingram Content Group UK Ltd.
Pitfield, Milton Keynes, MK11 3LW, UK
UKHW041954190726
13854UKWH00005B/1973

9 781953 704146

美の香り

東日本の被災地で見つけた美

ロジャー・W・ラウザー

Also published in English as

Aroma of Beauty

by Roger W. Lowther

Community Arts Media, Tokyo, Japan
www.communityarts.jp

いつも一緒に歩んでくれる妻のアビへ

目次

『美の香り』によせて

マコトフジムラ

新約聖書のマルコの福音書14章で、マリアは彼女にとって最も大切な物を持ち、イエスの元へ駆け入った。その部屋は女性は入ることは許されないイエスの弟子のみの場であった。彼女は高価な香油の入った小さな石膏の壺を震える手で割り、イエスの頭に注いだ。それは彼女が持っている最上の宝物であった。マリアはイエスの涙を想い（ヨハネ11・35）、彼が奇跡を行うことによって犠牲の死に、それは十字架の苦しみに、一歩一歩近づいていると感じ取っていた。[①] 彼女は直感的、しかし意図的に、自分の全てをイエスに捧げた。

弟子たちは（特にユダは）憤慨して彼女を責める。しかし、彼らの理解を超える言葉がイエスの口から語られた。その言葉は感動に満ちた、最高の言葉でマリアを褒めた。

「彼女は、自分にできることをしたのです。埋葬に備えて、わたしのからだに、前もって香油を塗ってくれました。まことに、あなたがたに言います。世界中どこでも、福音が宣べ伝えられるところでは、この人がしたことも、この人の記念として語られます。」（マルコ14・6、8－9）

マリアの香油のエピソードは、四つの福音書すべてに書かれている。マルコがここで記したイエスの言葉は芸術家の私にとって最も大切だ。イエスを信じる私たちは問われている。私たちがイエスの福音（クリスチャンの語る「グッド・ニュース」、つまり聖書の語る望み）を伝えるとき、私たちの言葉や行為はこのマリアの行動を反映しているだろうか。宗教の語る真理や道徳だけではなく、そこには犠牲の美があるのだろうか。

ジュリアード音楽大学で学んだオルガニストであり宣教師であるロジャーは、この本で二〇一一年三月一一日の東日本大震災の経験を語る。何世紀も前から続く漁村が流され、多くの人が家族を失った。この本からは震災の後の悪臭が漂ってくるようだ。また、いまだ解決していない核の深刻な問題、その恐怖や損失の大きさも伝わってくる。しかし、それぞれの章の最後に微かに漂ってくるのは、マリアがイエスの頭と足に注いだ香油の香りでもある。ロジャーや妻のアビ、多くの音楽家たちが石巻市や他の津波に襲われた被災地で行った支援活動は、マリアの香油のような芳しい犠牲の香りを届けた。

ここに流れ出す文章は歴史に刻される3・11とその余波についてロジャーが直接現場

で体験したことが記されている。危機的な状況で人々を導き、かつ人々に仕える毎日に彼はわずかな希望を見つける。それはトラウマの中から生まれてくる希望だ。宣教師として日本人を愛するために遣わされた彼らは、共に苦しむだけではなく、世界中の多くの音楽家を導いて放射能に汚染された東北の地に希望をもたらした。

私は二〇〇一年九月一一日にニューヨーク市の「グラウンドゼロ」に住んでいた。私の子は「グラウンドゼロの子供たち」として育って行った。だからトラウマの痛み、その後遺症をよく知っている。灰から生まれる美も見ている。この本は、遠藤周作の「沈黙」が語る迫害の残る日本、そして広島と長崎の苦しみを通ってきた日本の歴史、拡大する「グラウンドゼロ」という世界に広がるトラウマと、日本の静謐な美の文化から流れ出る力強い希望とを結び付ける。そして知恵と愛が必要なコロナ禍の後の未来へ私たちを導く。修復されつつ、新しい世界で何かが産み出されてくる。

現地に直接遣わされた芸術家による、この歴史に残る記録は意義深く貴重なものだ。私も9・11の後、「グラウンドゼロ」の居住者および芸術家として希望と信仰をなんとか伝えようと筆を執った。3・11の後にロジャーが著した『美の香り』は出来事の詳細な記録としての価値もあるが、それだけではない。この本は芸術家が暗闇の中で生き、イエスの十字架の犠牲を通し、すべてを新しくすることの消えない印だ。

二〇二〇年から二〇二一年に渡る新型コロナウイルスの世界的な感染拡大の中を歩んだ私たちは、社会の分断や痛みについての明確な視点[2]を与えられた。そして、皆が抱える苦しみを改めて見つめることとなった。ことば、音楽、芸術、人の活動は、そのような苦しみと終わらない絶望の重みを背負わなければならない。ロジャーとアビは日本で十年間その重みを負い続け、イエスの足元に香油の壺を捧げ続ける。

3・11から十年がたち、ロジャーの語る経験談は日本に住まない私たちにとって、必要なものだ。覚えておくために。つながりと癒しのために。目に見えない難題を抱える被災地に音楽を届けようとする彼の努力は、思いがけない喜びをもたらした。それは「ポスト二〇二〇年」に生きる今の私たちにも必要なものだ。感染拡大を超えて、この先私たちはどのようにして再びやりなおせるだろうか。どうやって再び繋がり、再び人々を導き、再び何かを創ることができるだろうか。

マリアが惜しみなく捧げた香油が、新しい世界へと、日本の美しい文化からより大きな愛と癒しへと私たちを導いてくれますように、そしてこの音楽家たちの奏でる「香り」が世界中に拡がり続けるように祈る。

二〇二一年一月

マコトフジムラ　Makoto Fujimura

コンテンポラリーアーチスト。バックネル大学卒業後、文部省奨学生で東京藝術大学日本画科に加山又造研究室で博士課程に学ぶ。その後、ニューヨーク、ロスアンジェルス、イズラエルなどで展示活動。著書に『沈黙と美』（晶文社、二〇一七）などがある。

イントロダクション

「Monday, Tuesday, Wednesday……」

十数人の子供たちがゆっくりと私の英語の発音を頑張って繰り返した。

「Thursday, Friday, Saturday……」

私は広い部屋の片隅にある布団の山の上に座っていた。二〇一一年三月十四日、東日本大震災の三日後だった。福島第一原子力発電所からわずか数十キロしか離れていなかった。

ふと窓の外を見た。降っていた雪が止んで、凍った地面に汚れた水たまりができていた。

ついさっき、ほとんどの男性は私が東京から持ってきたガソリンを地域の人々に配るために出て行った。残った人々が昼食の片付けをしている間、私は子供たちに楽しんでもらおうと頑張っていた。

ここにいる人々の経験を想像するのは難しかった。二日前に、身体一つで避難させられた。彼らは、自衛隊のトラックに乗る前に、荷づくりをする暇さえなかった。彼らが再び自分の家を見られるかどうかも分からなかった。家は放射能で汚染されてしまった。

三日前、私は東京で、地下鉄に乗って歯医者へ向かっていた。突然、電車が急に止まった。きっと誰かが線路にいるか何かだろうと思った。その後、スピーカーから慌ただしい車内放送が流れた。

「少々お待ちください。緊急地震警報です。」

数秒後、地震が来た。初めは弱かったが、だんだん強くなった。車内には人がたくさんいたが、誰も声を発しなかった。電車が左右に激しく揺れ、金属の音だけがした。私は床を見つめてシートを掴むことしかできなかった。

数分後、私はまだシートを掴んでいた。

何が起こっているんだろう?

私は何百回もの地震の経験がある。毎週のように揺れることもある。たいてい地震は、揺れたかなと思ったら終わる。しかし、これは違った。地下にいたので、噴火している火山の真ん中にいるみたいだった。

地震で危険を感じたのは初めてだった。地面が割れてマグマの川が地下鉄のトンネルを通ってこちらに流れてくるのを私は想像し始めた。

しかし、やっと揺れは止んだ。

シーンと静かになった。

再び、沈黙を破る騒々しい車内放送がスピーカーから流れてきた。正直に言うと、私はあまり聞いていなかった。彼が買い物メモを読みあげていても、私は気づかなかっただろう。興味がないということではない。他のことを考えて、余裕がなかったのだ。「地下鉄の中にマグマは入ってこないか？」とか「マグマの川が来たらどう逃げようか？」という思いで頭がいっぱいだった。歯医者に行く電車でマグマから逃げる方法を考えるなんて普通はしないだろう。しかし、今日は普通の日ではないのかもしれない。

マグマが来たらあのドアから出よう、と考えていたら、やっと電車が動き始めた。

しかしすぐに止まった。

動いた。止まった。

動いた。止まった。

動いているときより止まっているときのほうが長かった。止まるたびに、車掌は追加の買い物メモを読みあげていた。次の駅に着くまでにはまだまだかかりそうだった。歩いたほうがもっと速いだろう。

やっと電車のホームに着いてドアが開くと、喧噪が私に迫ってきた。ホームに溢れる人々、必死にメガホンで叫ぶ駅員、こんなシーンは見たことがない。

思ったとおりだ。今日は普通の日ではない。

•••

妻のアビは息子のイステンを空手教室に送り、戻ってきたところだった。三十二階建てのそのマンションでエレベーターを待っているとき、地震が襲った。ニューヨークの世界貿易センタービルが頭をよぎった。外に出ると、喧噪がアビに迫ってきた。建物の鋼骨が、地面の動きに応じて曲がったりねじれたりしていた。

午後二時四十六分だった。下校途中の小学生たちが歩いている。その時はじめてアビは屋根の瓦がポップコーンのように空中を飛んでいるのに気づいた。

「こっちへ来て!」アビは叫んで子供たちを集め、落ちてくる瓦を避けてマンションのロビーに入った。ロビーの大きな窓ガラスも割れて落ちてくるかもしれないが他に行き場はなかった。

「どうか割れないで!」とアビは心から祈った。

揺れがおさまって、大人たちがロビーに出てきた。一人一人が自分の子を見つけた。

残っていた子供たちはそれぞれの家に向かった。階段を下りてくる大勢の人の流れに逆らって、アビは二十八階の自宅へ向かって上り始めた。エレベーターは止まっていた。「避難してください！避難してください！」スピーカーの音は雑音交じりだった。「これは避難訓練ではありません。避難してください。」

「訓練ではありません？」とアビは思った。「言われなくても分かってる。」

階段を上がる途中で、泣いている少女がいた。

「お母さんは？」

「分かりません。」地震が襲ったとき、少女は家に一人でいたが、スピーカーからの指示に忠実に従ったのだ。

「大丈夫だよ、一緒に行こう。」

少女をロビーに連れて行き、少女のお母さんを見つけて、もう一度階段を登り始めた。

十階ぐらいのところで、聞きなじみのある声が聞こえてきた。

「マミー！」

アビが頭を上げると、七歳のエイデン、一歳のコエン、そして一週間前にアメリカから遊びに来ていた両親がいた。

「ああ、よかった。」とアビは叫んだ。しかし、母親が足を引きずっているのに気づいた。

「大丈夫？」母親からコエンを受け取った。

「大丈夫、心配しないで」と母親が答えた。「コエンの部屋に行こうとしたら、テーブルが邪魔してきたの。」ガラス、皿、鏡、写真、本、CDなどが落ちて、コエンは昼寝から目を覚まして泣き叫んだ。「部屋がちょっと散らかっちゃったわ」と母親は自分のせいのように謝った。

スピーカーの放送は鳴り続けていた。

彼らは人々の流れに加わって、避難所に指定されているイステンの幼稚園に向かった。

・・・

メガホンを持った駅員たちが叫ぶ。人々は携帯電話に向かって叫ぶ。子供たちは泣き、スピーカーは緊急放送を流し続ける。地下鉄のドアが開くと、この騒音が車内に流れこんできた。

私は、そのままシートに座っていた。電話を掛けてみたが繋がらなかった。周りの様子を見ると、他の乗客も座ったままだった。

ここはどこだろう。降りた方がいいのだろうか。次に何をしたらいいのか分からない。

電車はしばらくは動かないと分かった。その騒音の中に降りたくなかったが、ここから歩くしかない。公衆電話の前には長い列ができていた。私は人の波にもまれながら、階段を登り、やっと駅から出た。

そこはビジネス街の真ん中だった。オフィスから出てきた人々が道路に溢れていた。大晦日のタイムズ・スクエアーのようだった。もちろん、東京の道を埋め尽くす灰色のビジネススーツの人々に喜びはなかったが。

建物には立入禁止の黄色のテープがあちこちの場所をふさいでいた。車は動かず、ひどい交通渋滞が起きていた。

そうだ歯医者だ。もう時間を過ぎてしまったから急がなければ。私は歯医者に向かって三十分ほど歩いていった。クリニックに着くと医師は外に出ていた。

「遅れてすみません。」

「ええっ、どうやって来たんですか。」医師はまさか私が来るとは思っていなかったようだ。「他の患者さんは誰も来ていませんよ。」

「じゃあ、いま診察してもらえますか。」

彼は怪訝そうに私を見た。「えっ。いやー、ちょっと……この状況ですから……」

私はあきらめて、家に向かって歩き始めた。もう一度電話を掛けてみたがまだ繋がらなかった。

道には人々が本当に溢れていた。多くの人々が家に帰るためにマラソンのような距離を歩かなければならなかった。一晩中歩いた人もいたそうだ。途中の自転車店は完売だった。

通りかかった銀行のビルのモニターを前に人々が集まっていた。私も立ち止まった。そこには恐ろしい映像が映し出されていた。繰り返される光景が信じられなかった。黒い波が、防潮堤を越えて町に流れ込み、何キロも車や船や家を押し流している。

これは一体なんだ?これはどこだ?ここも危険なのだろうか。しかし周りの人々は誰も逃げていないので、大丈夫なのだろう。

数時間後、暗くなってから、私は避難所でようやく家族を見つけた。アビがマンションの階段に私のためにメモをテープで貼っておいてくれた。それを見なかったら、彼らを幼稚園で見つけることはできなかっただろう。

「トウホクで津波があったそうよ」とアビは言った。

「ああ、モニターで見たあれはトウホクだったのか」と私は答えた。しかし「トウホク」というのがどこなのか私たちは分からなかった。そして、私は疑問をやっと口にした。「ここは大丈夫なのかな。」私たちは東京湾の近く、海抜ゼロの場所にいた。

「分からない」とアビは言った。

地震の後の二十四時間は、静かな混乱だったと言える。土曜日の朝には千葉の精油所の火災からの煙がたち、頻繁に起こる余震で電車が止まり、たくさんの人々がまだ帰ることができなかった。スーパーやコンビニの棚には何もなく、ガソリンスタンドには長い列ができた。それにもかかわらず、暴動も略奪も起きなかった。

テレビでは何度も恐ろしい映像が繰り返し流れていた。ひび割れた道や建物。高速で流されていく車や家。橋にぶつかっている船。屋根の上に破片で書かれたS.O.S.。巨大な渦に巻き込まれた船。悪夢のようだった。本当に起きているとは信じがたかった。

ようやく携帯電話が繋がるようになったので、友人たちに電話した。アメリカの家族や友人から何百ものメールが届いた。アメリカのテレビ、ラジオ、新聞からもメールが届いた。彼らはこの災害に遭ったアメリカ人のコメントを放送したがった。

私は二十八階のマンションのバルコニーからぼんやり外を眺めた。そこは歴史ある町で昔ながらの日本家屋が並ぶ地域だった。都市開発で高層マンションが建ち、私たちはそこに住んでいたが、それを歓迎しない高齢の住民も少なくなかった。多くの家の屋根から瓦が落ち、穴が開いているのが見えた。高齢者の世帯では修理できないし職人もすぐには呼べないだろう。

何か役に立つことをしたかった。よし、これだ。困っている皆さんを助けるぞ。さっそく私は教会メンバーを集めて、それらの家を訪ね、屋根にブルーシートを張りにでかけた。

住民たちの多くは、急にブルーシートを抱えてやってきて屋根に上りたいという怪しい外国人に対して呆れた顔をした。ほとんどの人に断られた。実際私は「瓦」なんて言葉さえ知らないほどの素人なのだ。しかも外国人でよそ者。自分の家の屋根に上らせるなんて断って当然だ。しかし私は何かをしないではいられなかったのだ。それでも、暗くなるまでに数軒の家にブルーシートを張ることができた。しかし私の思いは空回りしているのを感じた。ブルーシートは本当に役に立ったのだろうか。この災害の中、私は何をすべきなのだろう。

・・・

二〇一一年三月一一日はアビと私の十一回目の結婚記念日だった。歯医者を済ませたら、私たちはレストランで食事をし、きれいな所を散歩し、結婚記念日のデートを楽しむ予定だった。さらに、それもあってアビの両親は遠くミシシッピ州から来てくれていたのだ。二人でスキーに行く計画も立てていた。しかし、今その計画を実行するのは難しそうだった。私たちは幼稚園の冷たい床に座っていた。マンションに戻って部屋を片付けなければならないだろう。電車もタクシーも動いていないなら、レストランにどうやって行こうかなどと私は考えていたが実際レストランはどこも閉まっていた。

今日は無理そうだが、明日、いや明後日なら。私は結婚記念日のイベントを中止にするようなダメな夫ではないのだ。

アビは私に言った。「私たちは一緒にメキシコからカナダまで四千キロ以上歩いて、六か月山の中でキャンプをしたわよね。」

「うん。」

「ほかにも冬にたくさんの山々に登ったわよね。」

「うん。だから？」

「あなたは行った方がいいと思う」とアビは言った。

「どこに？」

私がデートのプランを練っている間、アビは役に立つことをすでに始めていた。宣教師や牧師のネットワークに連絡を取った。私たちの教会の牧師は被災地の教会の牧師と連絡していた。チームリーダーはすでに物資とトラックを用意していた。そして冬のキャンプの経験を持つ運転手を探していた。

佐藤彰牧師は発電所から数キロしか離れていない教会で牧師をしていた。震災の時、彼は東京神学校の卒業式に出席するため上京していた。発電所が爆発し放射能が地域全体に広がって人々は避難しなければならなかった。ほとんどの人々が家に戻って荷物を用意する時間もなかった。彼らは避難所に散らばっていて食べ物も衣服も寝具もなかった。佐藤牧師は教会メンバーの行方を探してあちこちに電話した。そして彼は物資を持って早く彼らのところに戻りたかった。

「えっ。福島に？結婚記念日のデートは？」

こうして私は福島へ行くことになった。急いで冬のキャンプ道具を準備した。

バックパック、よし。

寝袋、ガスバーナー、よし。

トイレットペーパー、シャベル、よし。

浄水器。放射性粒子は除去できないだろうが、まあ、よし。

福島がどこにあるのかGoogleで調べた。北へ四百キロ。メキシコからカナダの十分の一か。いざとなったら歩いて帰れる。

道具は揃った。しかし、心の準備が全くできていなかった。

トラックの前で宣教師チームのリーダーが待っていた。彼は前の晩にいわき市まで物資を運んで戻ってきたばかりだった。私は運転席に乗り、共に行くメンバーもトラックに乗り込んだ。彼は私たちに言った。「津波情報がすぐ聞けるようにラジオをつけておいて。」すぐ聞けたところで実は私にはたぶんその日本語は分からないのだが。「サイレンが鳴ったら高い所に行って。道路の多くの部分が流されているけど、標識なんかないから気を付けて。何か原発のニュースがあったらすぐ電話する。じゃあ、いってらっしゃい。グッドラック！」

サイレン。流された道。壊れていく原発。世の終わりの映画のようだ。こんな非常事態を経験したことはなかった。北の道を通れるかどうか分からなかった。帰りのガソリンが手に入るかどうか分からなかった。原発の状態がどれほど悪いのか分からなかった。私たちが向かっていく地域には電気、水道、食べ物がないということは分かっていた。

寄付された物資を載せて、真夜中にトラックは出発した。

高速道路は閉鎖されており、都心へ向かう道路は大渋滞していた。しかし、北へ向かう道路には私たちのトラック以外の車はなかった。私たちは倒れた壁や建物を避けながら走った。道には所々に大きな穴や亀裂があった。たくさんの橋が道路から分断されていたため、長い回り道をしなければならなかった。

それは私の人生の中で最も長い夜だった。

⋮

アビは、小さな子供三人の世話をしながら、これからどうなるのだろうかと考えていた。子どもを通して知り合った「ママ友」たちに電話をすると、彼女たちはテレビで地震のニュースをずっと見ていると言う。子どもたちが走り回るマンションの部屋で、ずっとテレビを見ていると不安が大きくなりストレスがたまってくるばかりだ。

彼女たちは互いの近況を話し合った後、自分たちにできることはないか考え始めた。

「なにか家にあるものを寄付しようか。」

「じゃあ、友達にもちょっとメールしてみよう。」

それからアビのマンションに二人のママ友たちがランチを持ってやってきた。アビも彼女たちも人とつながるコミュニティが必要だった。

彼女たちはその日、昼ごはんを食べ終えることができなかった。彼女たちが携帯に入っている連絡先にメールを送ると、しばらくしてマンションの呼び鈴が鳴り、途切れることがなかった。その寄付を募るメールはどんどん広まり、二時間で部屋の天井まで缶詰などの物資が積みあがった。

ペットボトルの水を持って来た友だちが、マンションの管理人に連絡し、一階のコミュニティルームにそれらの物資を置かせてもらう許可を取ってきた。寄付の品を持って来た人々は、そのままそこで荷物の整理を手伝った。箱を受け取り、分類し、箱詰めをした。夕方までに、コミュニティルームも一杯になった。積み重なった箱は人の背より高くなった。数時間のうちに、女性たちの携帯電話の力で地域の人々が動員されたのだ。

アビの両親が来てくれていたことはありがたかった。子どもたちを見てくれる人がいなければ続々と届く物資をまとめることはできなかっただろう。

アビはこれらの段ボールを早く被災地に届けたいと思った。現地の人々は今すぐにこれらの物資を必要としているだろう。それに、これ以上の寄付が集まったらもう置くところがない。しかし夫のトラックが帰ってくるのは明日だ。レンタカーを探したが、トラックはおろか普通の車も一台も残っていなかった。

コミュニティルームの真ん中で、アビは祈り始めた。するとその時、電話が鳴った。

「支援活動について聞きました。トラックはあるんですが、役に立ちますか?」

信じられなかった。それはママ友の友達の友達で物流会社の社長だった。四十五分後トラックがやってきた。

アビは、仕事から帰ってきた男性たちが箱をトラックに載せている間、次の問題について考え始めた。運転手はどうしよう。もう一度必死に祈った。

するとその時、コミュニティルームのドアが開いて、若い男性が入ってきた。

「支援活動について聞きました。私はアフリカのＮＰＯで働いていて、今、休みで一時帰国中なんです。何かお手伝いできることはありませんか?」

「トラックを運転できますか?」とアビは試しに聞いてみた。

「ああ、いつもしていますよ。」

「あの……今からでも？」

「もちろん、大丈夫ですよ。」トラックはその晩出発した。集められた物資は二トントラックに積みきれなかった。

こうして支援活動が始まった。一日で何百人ものボランティアが集まった。私たちの支援活動のあるべき姿が分かった。コミュニティには力がある。神は私たち一人一人のできる小さいことを大きく用いてくださる。

•••

「やっと着いた」とため息をついた。そこは福島県の会津にある教会だった。駐車場に入って、トラックを止めた。

私は疲れすぎてトラックから出ることさえできなかった。迫まる放射能についてラジオを聞き、私たちを飲み込む広い亀裂に注意しながら一晩中運転するのは、精神的にも肉体的にもきつかった。疲れていたが、それだけではなく、お腹も空いていた。シャワーを浴びて、着替えたかった。そしてとにかく、眠い。

人々が教会から出てきて、私たちを迎えた。私は力をふりしぼってドアを開け、トラックの高い座席から飛び降りた。ジャケットのえりを押さえながら、互いに自己紹介をする私たちの口から出る息は白かった。

私たちは教会の中に入った。やっと休める。はやく何か食べてとりあえず横になろう。しかし共に到着した佐藤牧師はこう言った。「では賛美を歌い、祈りましょう。」え、今から礼拝?昼ごはんは?私は宣教師でありながら、今賛美したいとは思わなかった。目を開けているのがやっとだった。しかし、がんばって牧師に従った。

そのときの牧師のメッセージを今でも覚えている。「この状態の中でも、神さまはきっと私たちと共にいると約束しています」と牧師は言った。緊急時に聖書の言葉には大きな力があった。牧師の言葉はその時にぴったり合っていて私たちは励まされた。神の臨在を現実的に深く感じた。

トラックから荷物を降ろし、昼食を食べ、そして、子供たちのための英会話レッスンを開いた。それも終わり、ようやく今日の仕事は終了。へとへとになってふと部屋の角を見ると、電子ピアノがあった。私はそこに引き寄せられた。それはとても魅力的だった。ピアノと壁の間にちょうどいい隙間があったからだ。横になってひと眠りするための。

「どうかなさいましたか」女の人が怪訝そうに声をかけてきた。その落ち着いた話し方からすると、牧師夫人か教会役員だろう。

「横になってもいいですか」とは恥かしすぎて言いにくく、代わりにこう言った。「えっと、私はミュージシャンですが、少し弾いてもいいですか。」

それがいけなかった。正直に言っていればよかったものを。

「あっ、コンサートですね」と彼女はぱっと顔を輝かせて言った。そして私の答えを待たずに、私が寝ようと思っていた電子ピアノの周りに椅子を並べるよう人々に指示した。

大変なことになった。コンサートをするつもりは全然なかった。私はへとへとで、髪はぐちゃぐちゃで、よれよれのセーターにジーンズで、しかも、楽譜を一冊も持っていなかった。

しかし人々はすでに席につきはじめていた。言い訳をするかわりに、セットリストを早く考えた方がいいと思った。コンサートシーズンではなかったので、暗譜した曲はあまりなかったが、いくつかのピアノ曲を覚えていた。バッハの有名なト短調フーガやニ短調トッカータなどいくつかのオルガン曲もペダルなしで弾けるだろう。そして日本の民謡、アメリカのラグタイム、クリスチャンの賛美歌。あとは即興で何とかしよう。三月に誕生日を迎える人々のために、ハッピーバースデーを皆と一緒に歌うこともできるかもしれない。

理想的な状況ではないが一生懸命弾こうと決めて、私は聴衆の方を向いた。精一杯やるぞと思いながら小さくお辞儀をした。聴衆は小さく、しかし丁寧な拍手で応えてくれた。そして、私は座って、弾き始めた。

私の先生がそこにいなかったこと、ピアノがステージの上になかったこと、誰も録音していなかったことはありがたかった。その演奏ではコンクールで優勝することはできなかっただろう。しかし、演奏をこんなに感謝されたことはなかった。人々は微笑んだ。また、大声で笑った。曲が終わるたびに「ブラボー」「素晴らしい」と声が上がった。

そのひとときだけ、そこには恐れも悲しみも、地震も津波も放射能もなかった。音楽と笑顔だけがあった。それは無駄に見えたが、確かな力があった。私はその力を理解し始めていた。

私は、食べ物、水、物資など「必要な物」を持っていくために支援活動に参加した。音楽も「必要な物」だとは思わなかった。このような破壊の中で、人が美しさを求めるとは知らなかった。

それから数ケ月間、私はいろいろな被災地の避難所でコンサートをすることになった。コンサートだけではなく、物資の配達、炊き出し、そして何より人と人との繋がりを通して私は世界の美しさを見つけた。余震、破壊、テント生活、徹夜の運転の中、これほど神の臨在を具体的に感じたことはない。

どこでも、救援センターでは、一日の終わりにボランティアが集まって缶詰やインスタントラーメンを食べながらその日の出来事を話し合った。そこで聞いたこと、考えたこと、また、自分が体験したことのいくつかを、東日本大震災から十年目を迎えた今、改めて書くことにした。復興は今も続いているが、あのとき経験した出来事を決して風化させたくない。

私はこの本を手にしてくれた人たちと一緒に神の働きをほめたたえたいと願っている。神は、痛みや苦しみの中、私たちから遠く離れていない。この本を通して、暗い状態の中でも共に歩み、神に出会い、励まされることができれば幸いだ。

二〇二〇年七月　東京

ロジャー・W・ラウザー

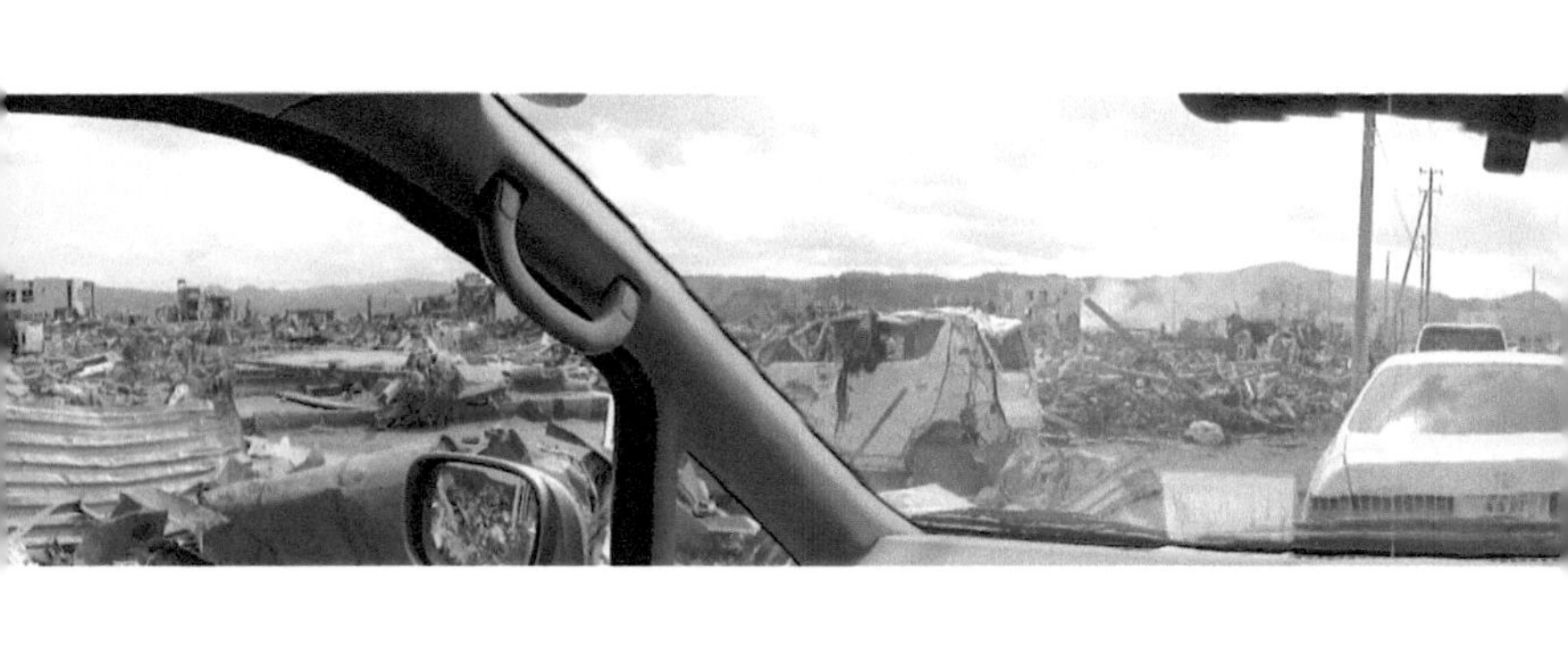

一　やめよ。知れ。

神は　われらの避け所　また力。
苦しむとき　そこにある強き助け。
それゆえ　われらは恐れない。
たとえ地が変わり
山々が揺れ　海のただ中に移るとも。
たとえその水が立ち騒ぎ　泡立っても
その水かさが増し　山々が揺れ動いても。

詩篇46・1―3

天井がミシミシという音がして目を開けると、辺りはまだ真っ暗だった。

「何の音?·ここはどこだ?」

寝ぼけた耳に誰かの叫び声が響いた。「逃げろ！大きいぞ！」

ぱっと目が覚めた。いつも枕元においてある懐中電灯を手探りでつかみ、ジャケットを拾った。床がグラグラ揺れていてまっすぐ立っていられなかった。なんとかドア枠にたどり着き、つかんで外に押し出した。

風はひどく寒かった。闇の中で古い建物が揺れる音がしていた。私はそこに立ち、ボランティアの仲間たちと一緒に、待つしかなかった。気づくと私の右足はびしょ濡れになっていた。

あーあ、水たまりに突っ込んだんだな。さっきまで夢の世界で暖かく幸せだったのに。今は濡れて寒く暗い中に立っている。ああ、もう、いったいいつになったら終わるんだ。

東日本大震災から一か月が経った四月。私たちは毎日余震の容赦ない攻撃に襲われていた。こんなにたくさんあるとは思わなかった。通常の生活では（通常の生活ってなんだ。

そんなものは存在したっけ?)、小さい揺れがあるだけで「あ、地震だ」となる。しかし、今は数えきれない状態だ。小さい余震が次々と起こった。しかし、それでも、大きなものに比べれば何でもなかった。

私は学んだ。地震は体を揺さぶるだけではなく、中身も揺さぶる。精神、感情を脅かす。私は気が休まることがなかった。いつも何かをしていたかった。アドレナリンのレベルは決して下がらないようだった。そしてとても心配症になっていた。

「私はどうなったんだ?」私は自分に何回も声をかけた。「落ち着いて。心配しないで。」

普段私はこんなじゃないのに。肉体的にも精神的にも私はすっかりまいっていた。そしてそれにうんざりしていた。「地震!」「逃げろ!」「窓から離れろ!」という叫び声にうんざりした。何かが頭に落ちてくるのにうんざりした。ドアに向かって走るのにうんざりした。トイレのための穴を掘るのにうんざりした。水道水がないことにもうんざりした。私は大きい声で叫びたかった。「もういい！やめてくれ！十分だ①！」

私はもう一つ学んだ。私たち人間は手に入れるのが不可能なものを望んでいる。動かない何か。変わらない何か。信頼できる何か。しかし、そんなものはない。私たちの足元の地面さえ……いや、特に足元の地面こそ信頼できない！私たち人間は、しっかりと立つ場所を望んでいる。揺るがない場所を。しかし、そんな場所はない。

そして、御言葉を思い出した。

「やめよ。知れ。わたしこそ神。」

この言葉を何回も聞いたが、もはやその意味が分からなくなった。

「神は　われらの避け所　また力。
苦しむとき　そこにある強き助け。

それゆえ　われらは恐れない。
たとえ地が変わり
山々が揺れ　海のただ中に移るとも。
たとえその水が立ち騒ぎ　泡立っても
その水かさが増し　山々が揺れ動いても。……
『やめよ。知れ。わたしこそ神。』」（詩篇46・1―3、10）

詩篇46は恐ろしいものでいっぱいだ。地震。山崩れ。嵐の海。この揺れと破壊の中で、神の「やめよ」という命令は馬鹿げている。「静まれ」という訳もある。何を言っているんだ。すべてが崩壊しようというとき、誰がやめられる？静まることができる？倒壊の恐れがない避難所はどこにあるのか。津波に飲まれない避難所はどこにあるのか。目に見えない放射線から体を守る壁はどこにあるのか。

いったいどこに？

もう一度その詩を読んでみた。

「神は　われらの避け所　また力。
苦しむとき　そこにある強き助け。」（詩篇46・1）

私は気づいた。この詩は私たちにまず「やめよ」と言っているのではない。「そこにある助け」と詩は最初に語っている。英語では「ever-present」、「ずっといる」ということだ。どうしてその部分を見落としていたのだろう。神は普遍で、私たちがどこにいても私たちと共におられる。「私たちは神の中に生き、動き、存在している」（使徒17・

28）。神から離れることは絶対にない。これが私たちの基礎だ。

詩人は七節で、そして最後の節でも繰り返す。

「万軍の主はわれらとともにおられる。
ヤコブの神はわれらの砦である。」（詩篇46・11）

詩人は苦しみの中で激しく祈っている。

神はインマヌエル、「私たちとともにいる」方だ。私たちは一人で立たなければならないのではない。神は私たちの砦であり、私たちはそのしっかりとした基礎の上に立つことができる。神が「やめよ。知れ。わたしこそ神。」（10節）と言うのは、いつも私たちとともにいるからだ。神は「地が変わり、山々が揺れ、海のただ中に移る」ときもそこにいて、私たちのあらゆる危機の中にいてくださる。神は、イエスが死んだときの地震（マタイ27・51）にも、復活したときの地震（マタイ28・2）にも、そこにいた。

神の声は、津波警報を知らせるサイレンよりも大きい。そして神の耳は、悲劇を前にした私たちの声にならない叫びも聞く。世界が崩れていくときも、揺れと恐怖の中でも、神は私たちを安全な所へ導いてくださる。倒れない砦に。防護壁の内側に。難攻不落の避難所に。

神の臨在は慰めだけでなくもっと素晴らしいものをくださる。すべての揺れを鎮めてくださる。そして私たちは恐れるのをやめ、神を知り、そしてこの御言葉のもとで安らげるのだ。

「やめよ。知れ。わたしこそ神。」

1　「静まる」とはあなたにとってどういう意味ですか。静まるのを防げるものは何ですか。

2　詩篇46の「やめよ。静まれ。」とは、具体的にどういうことだと思いますか。

3　神の臨在を特に感じたことがありますか。

4　今苦しんでいる人を知っていますか。詩篇46はその人たちを励ますことができますか。

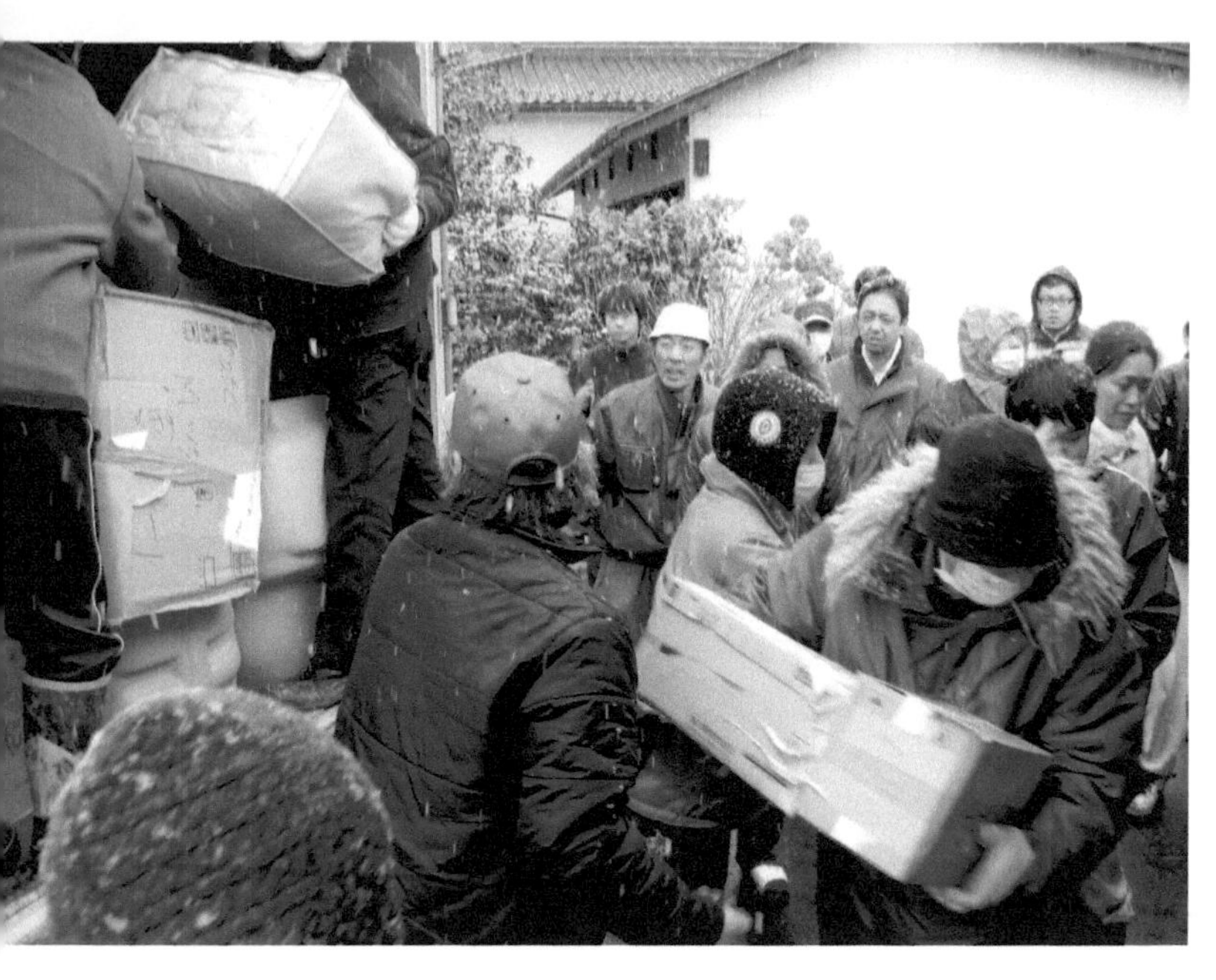

二　あっちへ行け！

イエスは……たらいに水を入れて、弟子たちの足を洗い、腰にまとっていた手ぬぐいでふき始められた。
ヨハネ13・5

「あっちへ行け！放っておいてくれ！」怒鳴る声が聞こえた。「ボランティアはもうたくさんだよ！」

ボランティアチームはいわき市にある高校の体育館に入ったところだった。[①] 市内の他の学校と同じように、そこは仮設の避難所になっていた。振り返ると、段ボール箱の上に青年が座っていた。片足がもう一方より少し短く障がいがあるようだった。しかし、それより印象的だったのは彼の怒りに満ちた顔だった。

彼を責める気にはならない。知らない人が何回も自分の「部屋」に入って来たら誰でも同じように感じるだろう。蛍光灯に照らされたその「部屋」にはプライバシーも何もなくて、彼はうんざりしていたに違いない。

どう反応したらいいか分からないまま、私たちは前を歩くボランティアについて行って、持っていた箱をその他の箱の上に置いた。そして、ブルーシートを敷き、椅子を並べ、汲んできたばかりの温泉のお湯の入ったバケツをこぼれないように注意深く運んだ。

いわき市にはガソリンスタンドのような温泉スタンドがある。そこでは新鮮な温泉水をタンクに汲むことができる。津波の後、市の水道が復旧するまでこの温水は特に重要な物になった。避難所でお風呂を提供することはできなかったが、私たちは愛を示す小さな奉仕として、人々の足を洗うことにした。私たちは膝をついて座った。人々が並び始めた。

イエスは死の前夜、跪いて弟子たちの足を洗った。それは緊急な時だった。イエスはその夜何が起こるか分かった。イエスはそのような時になぜそんなことをしたのだろうか。その貴重な最後の時間にもっとすべきことがあるのではないか。弟子たちに説教をするなり、何かを書き残すなり……。もし私だったら、これからの戦いに備えて仮眠する。最後の時によく考えて正しい言葉を語れるように休みたい。

しかし、イエスは弟子たちの足を洗ったのである。

「イエスは夕食の席から立ち上がって、上着を脱ぎ、手ぬぐいを取って腰にまとわれた。それから、たらいに水を入れて、弟子たちの足を洗い、腰にまとっていた手ぬぐいでふき始められた。……イエスは彼らの足を洗うと、上着を着て再び席に着き、彼らに言われた。『わたしがあなたがたに何をしたのかわかりますか。あなたがたはわたしを『先生』とか『主』とか呼んでいます。そう言うのは正しいことです。そのとおりなのですから。主であり、師であるこのわたしが、あなたがたの足を洗ったのであれば、あなたがたもまた、互いに足を洗い合わなければなりません。』」（ヨハネ13・4―5、12―14）

それは、人に仕えるために世に来たイエスが、弟子たちと神の臨在を分かち合うための行動だった。イエスは、愛を具体的な方法で示したのだ。

渡辺禎雄による「聖ペテロの足を洗うキリスト」（一九六三年）という型染め版画は私が一番好きな作品の一つだ。この作品は洗足によって示される愛を明らかにする。イエスは着物のような衣を着て正座している。ペテロは椅子に腰をかけて、目を閉じてイエスを拝んでいる。一人の天使が両手を上にあげて彼らを祝福している。器の中で水が波うっている。明るい金色が全てを囲み、天国を表している。仕えることの聖さと尊さが、ここにはある。

私たちも愛を示すためにイエスに倣って同じことをした。

何回かこれを続け、避難所にいる人たちとだんだん打ち解けてきた。

「ありがとう」と一人の女の人が言った。「このあいだ温泉水を持ってきてくれた日の晩、この場所で初めてよく眠れました。」

「ありがとう」と男の人が言った。「来てくれてうれしいです。」彼は、私たちが最初に来た時に怒っていた青年だった。彼は私たちを追い出そうとせず、私たちがそこにいることを喜んでくれた。私は彼の表情の変化を見て、驚いた。

私は、その体育館でイエスの行動の意味が分かったような気がする。王の王であるイエスは跪いた。「仕えられるためではなく仕えるために」(マタイ20・28)。イエスは、神の私たちへの愛を示すために来たのだ。そして、この愛を他の人々に分かち合うようにと私たちを促している。

「わたしがあなたがたにしたとおりに、あなたがたもするようにと、あなたがたに模範を示したのです。……これらのことが分かっているなら、そして、それを行うなら、あなたがたは幸いです。」(ヨハネ13・15、17)

愛が必要な壊れた世界をイエスのかたちに変えるために、ますます私たちが主の手足となって仕えられますように。

1　誰かに足を洗ってもらったことがありますか。どうでしたか。
2　良いことをしたつもりなのに、思ったのと違う反応を受けたことがありますか。
3　私たちの周りのコミュニティに愛を示す方法は何ですか。
4　私たちの奉仕はイエスのように完璧なものではありません。しかしそれでも奉仕をすることには、どんな意味がありますか。

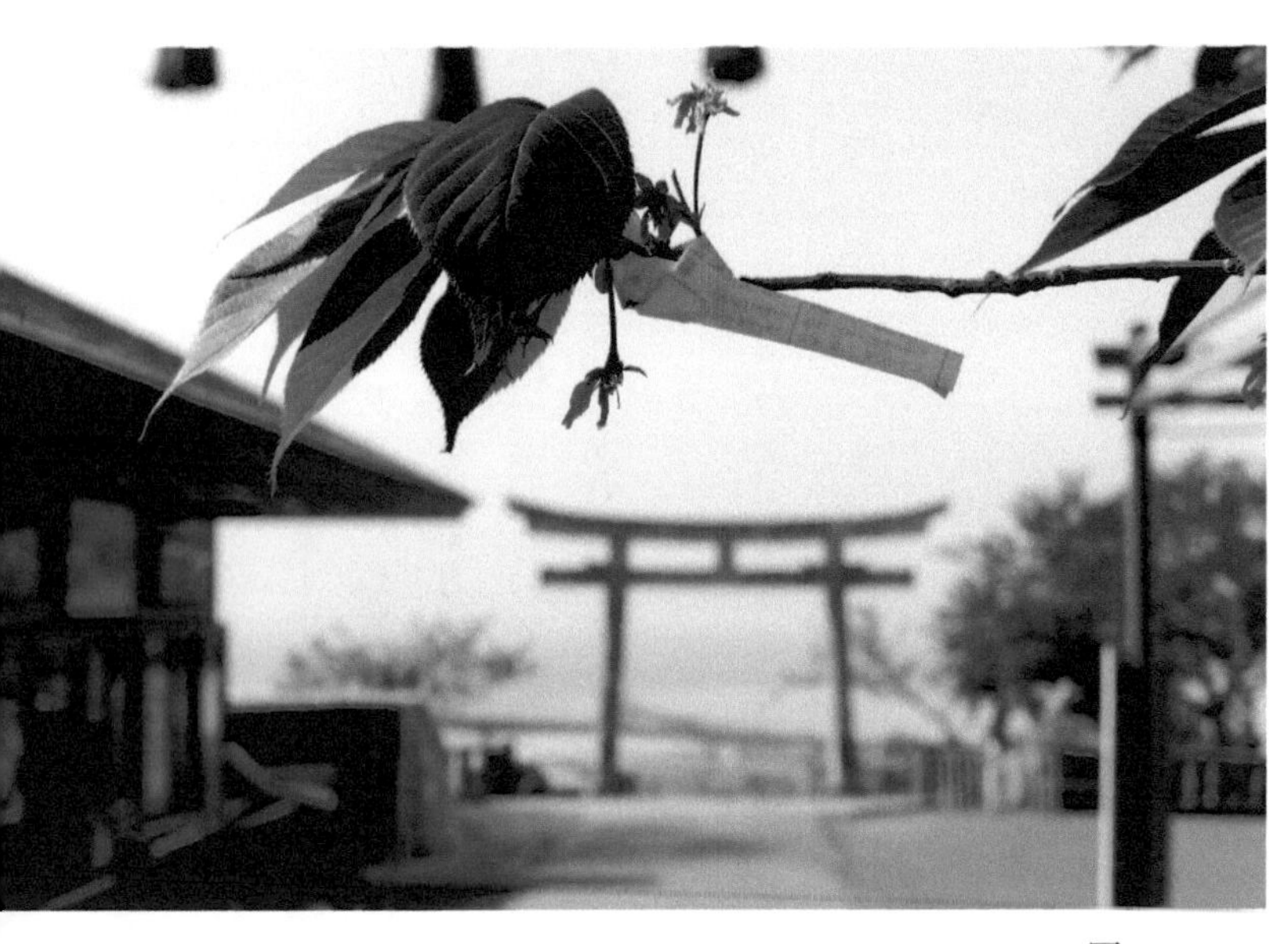

写真　ニコライ・フィスカー

三　新しい名で呼ばれる

あなたは新しい名で呼ばれる。主の御口が名づける名で。

イザヤ62・2―5

星には多くの物語がある。昔から人々は星を見上げて、そこに物語を作り出した。そこには動物がいて、神々がいて、愛し合ったり、戦ったり、救われたりしている。

私は流れ星を見て願い事をすることや、星占いには全然興味がなかったが、星座の物語は大好きだった。高校生の頃はよく天文学の本や雑誌を読んだものだ。

日本に来て、長男の通う幼稚園の行事で七夕の物語を知った。ロマンチックな星の物語を誰もが知っていて、そのような行事が各地で行われているのは興味深い文化だと思った。

二〇一一年の夏、石巻で七夕祭りがにぎやかに開催された。地震の後、多くの人々は仮設住宅に住んでいて、壊れた建物はそのまま残っていた。

ユキコは笹飾りの短冊に書かれた願い事を読んだ。

「サッカー選手になれますように。」
「仕事が見つかりますように。」
「世界に平和がありますように。」

ユキコは自分の願い事を思い浮かべてみた。私の欲しいものは何だろう。津波がユキコから全てを奪った。母親と妊娠中の姉が亡くなった。精神が不安定になり夫と離婚することになった。悲しみに耐えられなくなった父親との関係も悪くなった。

孤独だった。

それまで当たり前にあった家族、友達、家、仕事、町、全部なくなった。生きがいもなくなった。

ユキコは、誰に向かってなのか分からなかったが、静かに祈ってみた。

「何か生きがいを下さい。」

神は私たちにその大きな愛を示すために、驚くべきこと、特別なことをする。神はユキコの祈りに答えた。

その晩、ユキコは数人のクリスチャンと出会った。すぐに良い友達になった。ユキコは彼らと一緒によく食事をするようになり、聖書を学ぶ会にも参加し始めた。ユキコは全ての星を創造した神を知るようになった。そして少しずつ神に向かって祈り始めた。

ユキコは、父なる神の家族になった。イエスは決して自分を見捨てないし、自分から離れていくこともない。聖霊なる神はユキコに親しいコミュニティも与えた。ユキコは神の臨在に包まれて安らいだ。

七夕祭りの夜に出会ったから、仲間たちはユキコを「まつりユキコ」と呼ぶようになった。神を信じるようになってからの彼女は喜びに溢れている。「まつりユキコ」は、この世界の死と破壊から神が私たちを救い出すしるしだ。

二年後の七月七日、雨の日曜日、「まつりユキコ」は家族や友達を奪った海に入った。彼女は多くの恐れと痛みをもたらした海で洗礼を受けた。この日、海は神の愛を表した。想像できないほどの大きな愛。ユキコは洗礼によって新しい被造物になった。

「あなたは新しい名で呼ばれる。主の御口が名づける名で。あなたは主の手にある輝かしい冠となり、あなたの神の手のひらにある王のかぶり物となる。あなたはもう、『見捨てられた』と言われず、あなたの土地は『荒れ果てている』とは言われない。かえって、あなたは『わたしの喜びは彼女にある』と呼ばれ、あなたの国は『夫のある国』と呼ばれる。それは、主の喜びがあなたにあり、あなたの国が夫を得るからである。若い男が若い女の夫となるように、あなたの息子たちはあなたの夫となる。花婿が花嫁を喜ぶように、あなたの神はあなたを喜ぶ。」

（イザヤ62・2―5）

夜空を見上げると神が創った星が輝いている。その神が喜び、愛するために私たちを創造した。星を見て私たちは私たちの創造主を思う。ある日、神は私たちのすべての痛みや涙をぬぐい取って、私たちのすべての祈りや願いを叶えてくださる。

静かな夜空に　またたく星。
恐れに満ちた　闇の中に
希望の光は　今日かがやく。[①]

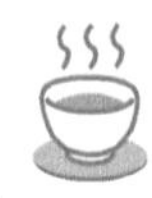

1　名前や呼び方、肩書が変わるのはどんなときですか。どんな意味がありますか。

2　ユキコは、非常に多くの痛みをもたらした海で洗礼を受けました。この新しい命を表す行動についてどう思いますか。

3　「新しい被造物」になるとはどういうことですか。

4　イエスは私たちの祈りや願いを、深いところで満たしてくださいます。あなたの願いはどのように満たされるでしょうか。

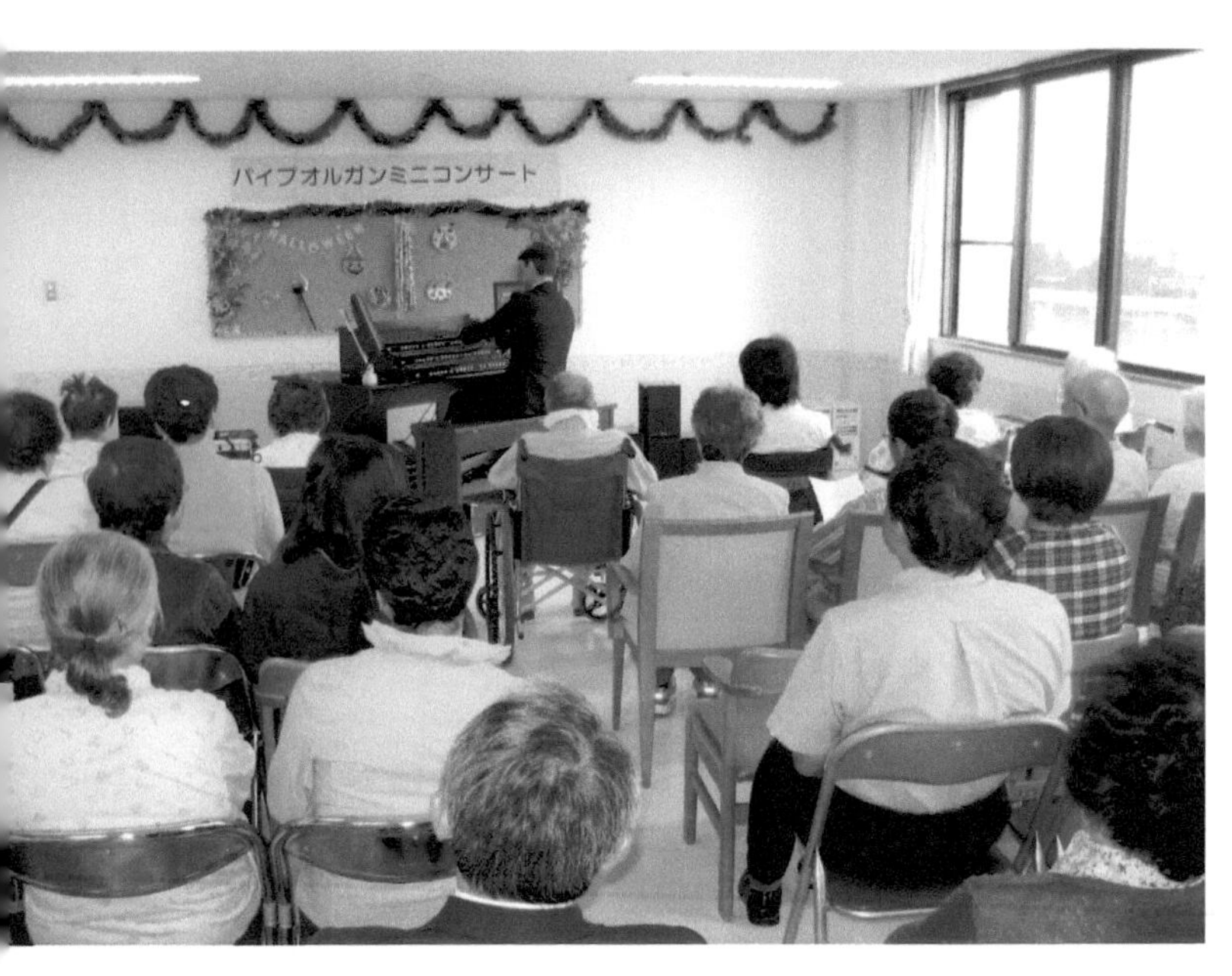
パイプオルガンミニコンサート

四　寄留の人々

アブラハムは……どこに行くのかを知らずに出て行きました。　ヘブル11・8

信じられないほどの力で海水が防波堤を乗り越え、福島の原子力発電所を無力にしてしまった。予備の発電機も浸水し、動かなくなった。危険な放射能コアの温度が上昇し、保護層が次々と溶けていった。原子力発電所は時限爆弾と化した。

そして、最初の原子炉が爆発した。次々と、他の原子炉も爆発した。①

放射能粒子が空気中に発射され、海に流れ出た。目に見えない放射能が福島の地を漂っていた。チェルノブイリに並ぶ世界的な災害だった。

その時の恐れは言葉では表しきれない。私が住んでいる東京では水道の水に不安をいだいた人が多く、スーパーやコンビニの水はどこもたちまち売り切れてしまった。地域ごとの計画停電が何度も行われた。雨が降ると放射能を心配した。東京の住民も皆避難しなければならないという噂も流れた。本州の中心部には人が住めなくなるかも知れないという話もあり、先が見えない不安の中にあった。

「日本はもうだめか?」人々はささやいた。「これで終わりなのか?」

私は、東京に住む友人の医師から、南相馬市の病院が物資の不足で困っていることを聞いた。南相馬市は壊れた原子力発電所から北へわずか三十キロの場所にある。既に多くの人は市外に避難しており、その辺りには避難所がとても少なかった。放射能を恐れてトラック運転手がそこに行くことを拒否したため、食料をはじめ物資の供給が滞っていた。私たちはボランティアチームを作り、友人の医師から緊急時に必要なものについて聞き、患者と避難者でいっぱいのその病院に何週間も続けてトラックで物資を運んだ。

事故から二か月後に私が始めてそこを訪れた際には、人々は孤立し希望がない様子だった。その病院に行くのはとても大変だった。海の近くのほとんどの橋や道は津波で破壊されていて、辺りは水で覆われていた。自衛隊が仮設の橋と道を建設したが、十分なものではないため非常に混雑し、イライラするほど時間がかかった。

東京から車で通常なら三時間ぐらいの旅が九時間になってしまった。病院に到着して、電子パイプオルガンをトラックから降ろした。ロビーに入ると、東京の子供たちが送った絵が飾ってあった。東北に物資を詰めた段ボール箱を送るたびに、東京の子供たちはそこに絵を書いて貼り付けた。病院のスタッフはそれを捨てずに大切にはがして、病院のロビーと廊下に飾っていた。私の息子たちが描いた絵もあった。それは南相馬のコミュニティと東京のコミュニティのつながりを伝える小さな展覧会のようだった。

私は病院の一角で電子オルガンを演奏した。バッハ、フランスのロマン主義の曲、日本の民謡、オリジナルの曲など。周りには、ボランティアチームの子どもたちが描いた絵を飾った。人々はうつろな表情で演奏を聞いていた。その場の雰囲気が急に変わったのは、「荒城の月」をアレンジして即興で演奏をした時だった。皆、その歌詞を頭に浮かべた。荒れた城を月が美しく照らしている。しかし、それを見る人は誰もいない。

「垣に残るはただかつら　松に歌うはただあらし」

病院長が立ち上がって、集まった人々に話しかけた。

「この場所は地震と津波によって廃墟になってしまいました。放射線によって今ここはゴーストタウンになっています。私たちは世界から断絶されています。東は海、西は山々、南には壊れた発電所、そして北には壊れた道。毎日、私たちは目に見えない放射線にさらされています。いったいどうすればいいのでしょう。何ができるでしょう。」

涙がいっぱいだった。悲しみがあふれていた。

演奏が終わると、人々がかけよってきた。若い看護婦は逃げたかったができなかったと私に打ち明けた。自分が逃げたら避難している何百人もの世話をする人は他にいないから。年配の男性も逃げたかったができなかったと話した。理由は、行く場所もお金もないからだと言う。

長い一日の終わりに、病院のスタッフが近くの焼肉のレストランに連れて行ってくれた。私は何回も焼肉を食べたことがあるがこれほど素晴らしい肉は初めてだった。大げさでなく、本当に私の人生の中で最高だった。放射能の恐れで福島の肉は日本でも世界でも避けられ売れなくなっていた。こんなに素晴らしい肉なのに残念だと言うほかはない。

非常事態と恐怖の中で仕事をし、その後のつかの間の休息時間に共に食事をすることで、初めて会った人々とも昔からの友達のようになった。それは私がめったに経験することのない深いつながりだった。私はこの日のことを決して忘れることはないだろう。

音楽は癒しをもたらした。それは人々の心を開き、失ったもののために泣いたり悲しんだりするのに役立った。病院はもはや私たちからの支援物資を必要としなくなったが、音楽のつながりで私たちのコミュニティの関係が続いた。子供たちの絵は人と人を繋げた。この出会いにとても感謝している。出会った人々と共に食事をし、語り合い、コミュニティの中で私は人として変えられた。

・・・

福島第一原子力発電所が爆発したとき、福島第一バプテスト教会のメンバーはばらばらになってしまった。自衛隊によって救助され、そのままに各地の避難所に入ることとなった。誰も家に戻れず、荷物を準備することもできなかった。

避難所から、教会メンバーはお互いを探した。声を掛け合い、二日後に近くの教会に集まった。私もそこで初めて彼らに会った。福島第一バプテスト教会は、壊れた原子力発電所からわずか五キロの場所に数年前に新しい会堂を建てたばかりだった。しかし、立ち入り禁止のバリヤーの後ろに閉じ込められてしまった。第二次世界大戦後にバプテストの宣教師によって始められたこの教会は、だんだん成長していた。毎年、人々は洗礼を受け、若い人は神学校に行った。災害が襲ったときに、この教会の牧師は神学校の卒業式のために東京に出掛けていた。牧師のネットワークを通じて、私はこの牧師、他の日本人牧師、そして他の宣教師と一緒に物資を運ぶことになった。

これがきっかけで、親しい関係が今も続いている。この教会を中心としたグループはだんだん大きくなった。三十人が五十人になり、五十人が七十人になり、七十人が百五十人になった。すぐに広い場所が必要になり、雪の中で使われていないサマーキャンプ場に移動した。しばらくして、もう一度別の場所へ移動した。そして、しばらくしてさらにもう一度。彼らは寄留の人々だった。危険な場所から逃げ、いつも引っ越し、いつも新しい家を探していた。行きつく場所は全然分からなかった。

その群れには、さまざまな人がいた。バックパックだけを持った若いアメリカ人英語教師。家族から離れた場所で働き、放射線検査を受けるときくらいしか戻って来られない若い父親。避難所でいつも笑顔の七十代の女性。彼女がくれた手作りの漬物はとてもおいしかった。

クリスチャンではない人もいた。ある男性は、奥さんが教会のメンバーだったため賛美に参加していた。彼は原子力発電所の従業員だった。災害が襲ったとき、彼は非番だったそうだ。彼は、同僚たちが毎日人々を救うために一生懸命努力していると知っていた。彼自身は何キロも離れた場所にいて無力だった。

彼は「福島50」と呼ばれる同僚たちの酷い状態を想像できた。やまない余震。瓦礫のせいで入れない場所。電気も、十分な防護服も、食べ物も、さらに睡眠時間もない。彼らは、高温のトンネルの暗い迷路を通り、放射能で汚染された水の中を這い回り、致命的な量の放射線を受けた。電源が失われていたため、すべては手作業の必要があった。

ある晩、彼はクリスチャンになった。そしてその翌朝、発電所で働くために同僚たちのもとへと出ていった。

なぜ彼は、逃げ出てきた、危険な場所に再び向かっていったのだろう。

私はキリストについて考えた。キリストは、誰も行こうとしなかったところに行った。キリストは、あらゆる困難と戦う、人には不可能な戦いをした。キリストは、災害に勝つためではなくて、災害に遭った人々を救うために命を犠牲にして、自ら危険に陥った。キリストは、私たちがふるさとを持てるようにするために、自分のふるさとを捨てた。

「狐には穴があり、空の鳥には巣があるが、人の子には枕するところもありません。」(ルカ9・58)

教会はいわき市に新しい地を見つけ、そこに新しい家やアパートを建てた。新しい会堂も建てた。そこで賛美を捧げるときにオルガニストとして招待されたことは私にとって大きな喜びだった。

新しい建物は鳩の形をしている。教会は海の上を飛んでいくノアの箱舟の鳩のようだ。神が与えてくださる新しい地を探し、約束の成就を待っている。くちばしの部分は、福島の方を向いている。彼らにとってふるさと福島の方を向くことは、天国の方を向くことの象徴だ。すべてのものが新しくされる天国の家。彼らが待ち望むのは、この世界の完全な修復だ。アブラハムのように彼らは神の約束を信頼して待っている。

「硬い基礎の上に建てられた都を待ち望んでいたからです。その都の設計者、また建設者は神です。」（ヘブル11・10）

寄留の教会である福島第一バプテスト教会は、すべての人は寄留者であるという聖書のメッセージを私に語りかける。私たちは、完璧なエデンの園から追い出された。そして、私たちは帰るべき本来の家を探し求めている。そこには恐れも孤立もない。すべての傷が癒される。私たちは神とともに住む。神は私たちのために永遠の住まいを用意しているのだ。

「あなたがたは心を騒がせてはなりません。……わたしが行って、あなたがたに場所を用意したら、また来て、あなたがたをわたしのもとに、迎えます。」（ヨハネ14・1、3）

1　福島原子力発電所の事故を初めて聞いたとき、あなたはどこで何をしていましたか。

2　災害時には、自分を犠牲にして人を助けた人たちの感動的な話がたくさんあります。どんな話を聞いたことがありますか。

3　あなたは実際に「寄留」を経験したことがありますか。自分が寄留者だと感じることがありますか。

4　危機の時、イエスはどのように希望を与えてくれますか。

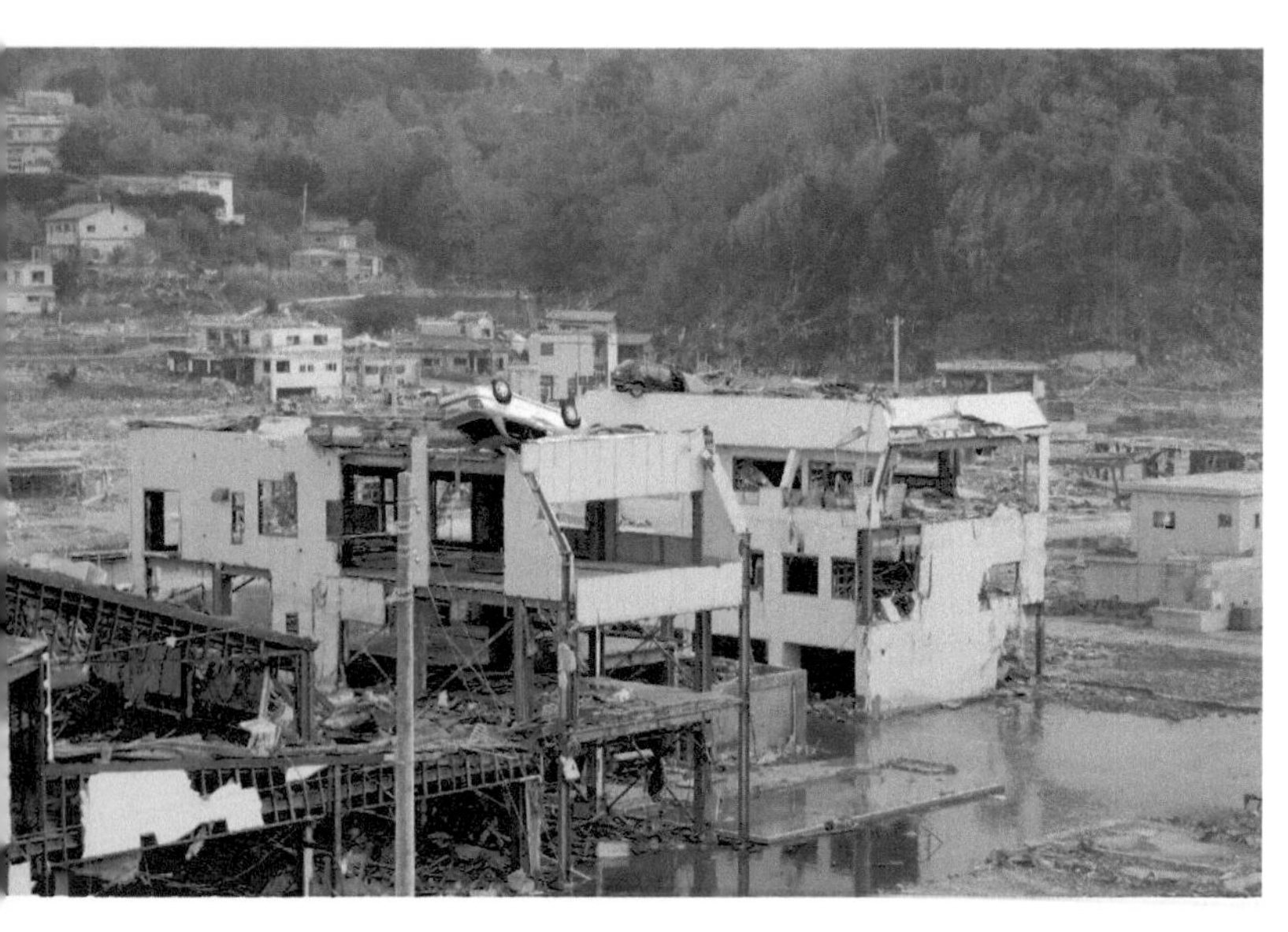

五　細く白い傷跡

あなたは私を深いところに、海の真中に投げ込まれました。潮の流れが私を囲み、あなたの波、あなたの大波がみな、私の上を越えて行きました。

ヨナ2・3

見渡す限りのものは破壊されていた。コンクリートの建物が横に倒れていた。木造の建物がバラバラになっていた。船や車がビルの屋上にあった。壁や車にスプレーで付けられた赤いマークは、遺体の捜索が終わった印だった。

被災地には今日も目に見える傷跡が残っている。壊れ落ち基礎だけになった家。雑草が生い茂った駐車場。どこにも通じない階段。古く美しい木々はもうない。かつてにぎやかだった住宅地は、今ではさびしい空き地だ。建ち並ぶ仮設住宅に住む人々は、もはや存在しない我が家のための住宅ローンを返済し続けていて、新しい家を建てることができない。

目に見える破壊は失ったもののほんの一部だ。むしろ心の傷はそれより深い。誰もが誰かを失った。誰もがそれぞれの傷を抱えていた。

「これからどうすればいいのか。どこへ向かえばいいのか。」

聖書の物語に、似たような状況を描くものがいくつかある。箱舟に乗ったノアは愛するものすべてを洪水によって流された。

魚の腹の中に飲み込まれたヨナの祈りは多くの被災者の経験に似ている。

「あなたは私を深いところに、海の真中に投げ込まれました。潮の流れが私を囲み、あなたの波、あなたの大波がみな、私の上を越えて行きました。私は言いました。『私は御目の前から終われました。』……水は私を取り巻き、喉にまで至り、大いなる水が私を囲み、海草は頭に絡みつきました。」（ヨナ２・３―６）

危機を逃れるためにかごに乗せられてナイル川に流されたモーセは、後に何千人もの人々や動物が葦の海に飲まれるのを見た。

ノア、ヨナ、モーセ、彼らはどのようにトラウマを抱えて生きていっただろうか。ノアはオリーブの若葉を見た。ヨナは自分と都市の救いを見た。モーセは奴隷の解放を見た。彼らは天と地を回復するという約束の証拠を見た。

神は泥から新しい命を創造する。そして、それを壊れから以前より美しいものへと再生させ、回復させ、改新する。

神は再び創造する方だ。神はゼロから簡単に造ることができるのに、箱舟に乗った動物と人間、そして植物の種から、世界を再び作った。神はヨナの代わりにニネベ市に他の預言者を送ることができるのに、彼を改善して遣わした。神はエジプトに奴隷としているイスラエル人を無視できるのに、彼らをエジプトから救い出し、神の民として作り直した。神はご自身の創造したものを捨てることはなく、作り直す。どんなに私たちが壊れても、決して見捨てない。

釜石市にある新生釜石教会がこの神のやり方を証した。この教会は、津波で大きな被害を受け、教会の建物は屋根まで水に飲まれ、あらゆるものが破壊されてしまった。しかし、教会の人々は、教会と自分たちの生活を再建しようと決意した。彼らは泥を掻き出し、壁や床を交換した。

神はご自身の創造したものを捨てることはなく、作り直す。
どんなに私たちが壊れても、決して見捨てない。

新しい建物が完成した後、彼らは、あえて教会の壁に薄く白い傷跡をつけた。それは、船が海水と接するところを表す喫水線のように、津波の洪水の高さを示す印だった。

柳谷雄介牧師は、このように説明した。

「この土地には、今後何年にもわたり傷跡が残り、人々の傷跡は一生残るでしょう。しかし、十字架にかけられた時の傷が復活したイエスの体に残っているからこそ、真の癒しの力強さやその可能性を私たちは見出すのではないでしょうか。私たちはそのことを忘れてはなりません。[①]」

毎週、この教会の人々は傷跡の下で賛美する。彼らはこの白い線を見て、自分の傷ついた心を神に委ねる。彼らの叫びは絶望ではなく希望に満ちている。癒しを見つけたからだ。ヨナは魚の腹の中で賛美した。「救いは主のものです」（ヨナ2・9）。同じように彼らも、傷ついた破れの中で賛美できると気づいたのだ。

再建プロジェクトはそこでは終わらなかった。教会の大切なグランドピアノが泥の下から逆さまになって発見された。一生懸命泥を拭き取ろうとしたが、汚れは落ちなかった。多くの傷もついていた。たくさんの部分が壊れ、膨らんで動かない鍵盤もあった。ネジは錆びつき、フェルトにはカビが生えていた。残念ながら、ピアノはもう使い物になりそうもなかった。②

しかし、彼らは壊れたピアノを直そうと決めた。新しいピアノを買う方が簡単でむしろ安いだろう。それでも彼らは修理することにした。四人の専門家が一年以上働いた。彼らはパーツを分解し、点検し、修理していった。部品を交換し、作り替えた部分もあった。

修復されたピアノの譜面台には、聖書からの希望のシンボルが刻まれた。オリーブの若葉をくわえたノアの鳩。神がこの世界を捨てないという約束の虹が、五線譜のように五つのラインを描く。

真ん中には十字架がある。十字架の形の碇だ。そしてそこには釜石市の花であるハマユリが刻まれている。崖や急な山の斜面など厳しい所で美しく咲く花だ。釜石の漁業の象徴として網と帆立貝も描かれている。③

十字架は私たちの希望の源であり、再建の力だとこの譜面台は語っている。

十字架で、神の裁きという大波がイエスを呑み込んだ。イエスは罪の海の奥深くに投げ込まれた。しかし、イエスはその死から復活した。死が勝利に呑み込まれたのだ。今、十字架は、死からの勝利を表している。十字架を通して命が私たちに与えられる。私たちは新しく生きることができる。

新生釜石教会の復活したピアノと建物は、神の創造の約束の真実さを反映している。そのピアノと壁の傷はキリストの素晴らしい贖いの力を示し、私たちを喜びと賛美に導く。

1　再び作られたものと言えば、どんなものを思い浮かべますか。
2　教会の壁やピアノのように、希望をもたらす傷跡を他に知っていますか。

3　天国にいるキリストには、十字架による美しい傷跡があります。その傷跡から私たちはどのような希望を得ることができますか。

4　神は創造したものを捨てるのではなく、この壊れた世界に新たな希望のしるしを与えます。例えばどんな物でしょうか。

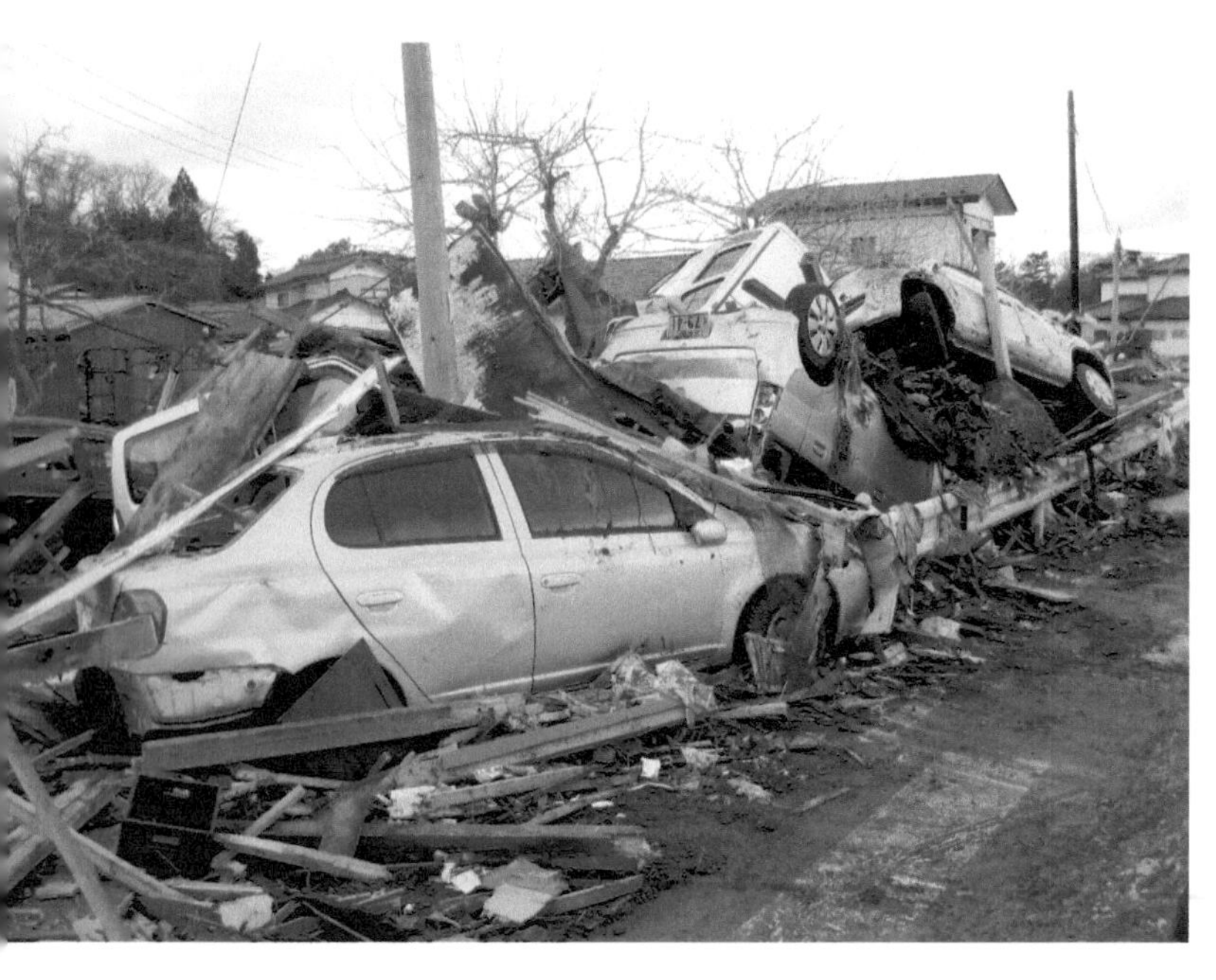

六　神はどこ？

わたしのはらわたは彼のためにわななき、わたしは彼をあわれまずにはいられない。
エレミヤ31・20

神はどこか。大いなる悲劇と苦しみの中に神はどこにいるのか。預言者イザヤの言葉を私たちは叫ぶ。

「どうか、天から見下ろし、ご覧ください。あなたの聖なる輝かしい御住まいから。あなたの熱心と力あるわざは、どこにあるのでしょう。私へのたぎる思いとあわれみを、あなたは抑えておられるのですか。」（イザヤ63・15）

神は、私たちの問いに、預言者エレミヤを通して答える。

「イフライムは、わたしの大切な子、喜びの子なのか。わたしは彼を責めるたびに、ますます彼のことを思い起こすようになる。それゆえ、わたしのはらわたは彼のためにわななき、わたしは彼をあわれまずにはいられない。」（エレミヤ31・20）

神は「わたしの腸がわななき」と言う。神学者である北森嘉蔵はイザヤ書の「たぎる思い」とエレミヤ書の「腸はわななき」はヘブル語で同じ言葉から成っていると指摘する。両者は「mēʻay・腸」（英 bowel）と「hāmû・鳴り響く」（英 to sound, roar, rage）を使う。北森は、この言葉が「我らが知っている一切の事実の中で、もっとも激烈な」鋭い痛みを表していると書いている。神の私たちへの愛を表すにはこれほど強い表現が必要なのだ。神の「腸」は私たちのために痛みで鳴り響く。

ジャン・カルヴァンはこう書く。

「神はここにおいて彼御自身に人間的感情を帰してい給う。なんとなれば腹は異常なる痛みの下にあっては揺り動かされ響を発するからである。そして大いなる悲しみに圧せられるときには、我らは深く嘆息し呻吟するからである。かくして神が優しき父としての感情を表現し給うときに彼は言い給う、我は我が民を再び恩寵の中に受け容れんと欲するが故に、我が腸は鳴り響くと。かかることはたしかに本来神には属しない。しかし神は我らに対する彼の愛の大さを他の方法では表現し得給わないが故に、我らの無知に彼御自身を適応せしめるために、組雑に語り給うのである。[①]」

北森は、世界中で数千万人が亡くなった第二次世界大戦の恐ろしい時期の痛みと苦しみを経験した。一九四六年『神の痛みの神学』という最も有名な著書でこう述べている。

「我々が生きている今日は、もっとも優勢なる意味において『死の時代』であり、『痛みの時代』である。私の眼には、今日世界は大空の下に横たわっているのでなく、痛みの下に横たわっているものとして映ずる。『人生二十五年』という言葉を生んだ今日を『死の時代』と呼ばずしていつの日を、しか呼ぼうか。……『痛みの時代』を現実ならしめるために、今日はじつに無限に尊い資本が注ぎ込まれている。これが世界の痛みである。[②]」

第二次世界大戦の痛みは非常に大きかったが、東日本を襲った津波の痛みもそうだ。私は死ぬまで、海岸沿いの破壊の光景を決して忘れられないだろう。私は被災者の携帯で撮影された動画をいくつも見た。その轟音も忘れられない。二十一世紀の私たちの技術は荒れ狂う津波を前に、無力だった。津波は地を破壊しただけでなく、濃い黒い汚れを残した。津波は海底からヘドロを掻き取って巻き上げ、非常に重く強くなった。このヘドロを含んだ真っ黒の津波には恐ろしいほどの破壊力があった。

神の腸を表すヘブル語の「hāmû」は海と国民のどよめきも表している。

「ああ、多くの国々の民のざわめき。
彼らは、海のざわめきのようにざわめく。
ああ、国民のどよめき。
彼らは、激流のどよめきのようにどよめく。
国民は、大水のどよめきのようにどよめく。③」（イザヤ17・12―13）

津波は私たちの罪の破壊的な力を表しているかのようだ。怒り、妬み、欲望、高慢、憎しみなどは、周りのものを破壊する。これらのどよめきは、私たちの心の奥底にあるヘドロのような罪を噴出させ、すべてを黒く覆う。

黒い津波のような私たちの罪は、十字架にかけられたイエスを襲い、地獄の暗い穴の中へ押し流した。しかしイエスは大いなる愛のゆえに十字架から下りなかった。私たちの「激流のどよめき」に対して、イエスは腹がわななくような、たぎる愛で答えている。私たちへの「たぎる思いとあわれみ」を示すために、イエスは赤ん坊として泣きながら飼葉桶に生まれ、ラザロの死に涙を流し、ゲッセマネの園で私たちのために血の汗を流して祈ってくださった。

「わたしの心はわたしのうちで沸き返り、わたしはあわれみで胸が熱くなっている。……わたしは神であって、人ではなく、あなたがたのうちにいる聖なる者だ。」（ホセア11・8―9）

神は、私たちと共にいるインマヌエルと呼ばれる方だ。④ 悲しみや苦しみの中でも、私たちは決して離れることはない。

私たちの壊れた世界に神はどこにいるのか。

神は私たちと共に悲しんでいて、私たちのただ中にいる。神を探す必要はない。破壊の中で、私たちは、神が私たちと共にいるという約束、決して見捨てられないという約束をしっかりと掴むことができる。

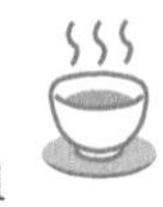

1　激しい腹痛を経験したことがありますか。

2　「神の腸がわななく」という聖書のイメージについてどう思いますか。

3　聖書によると私たちが苦しんでいるや悲しんでいるとき、神は私たちと共にいます。このことを経験したことがありますか。

4　神がいつも私たちと共にいて決して離れることがないことを、神は私たちにどのように伝えていますか。

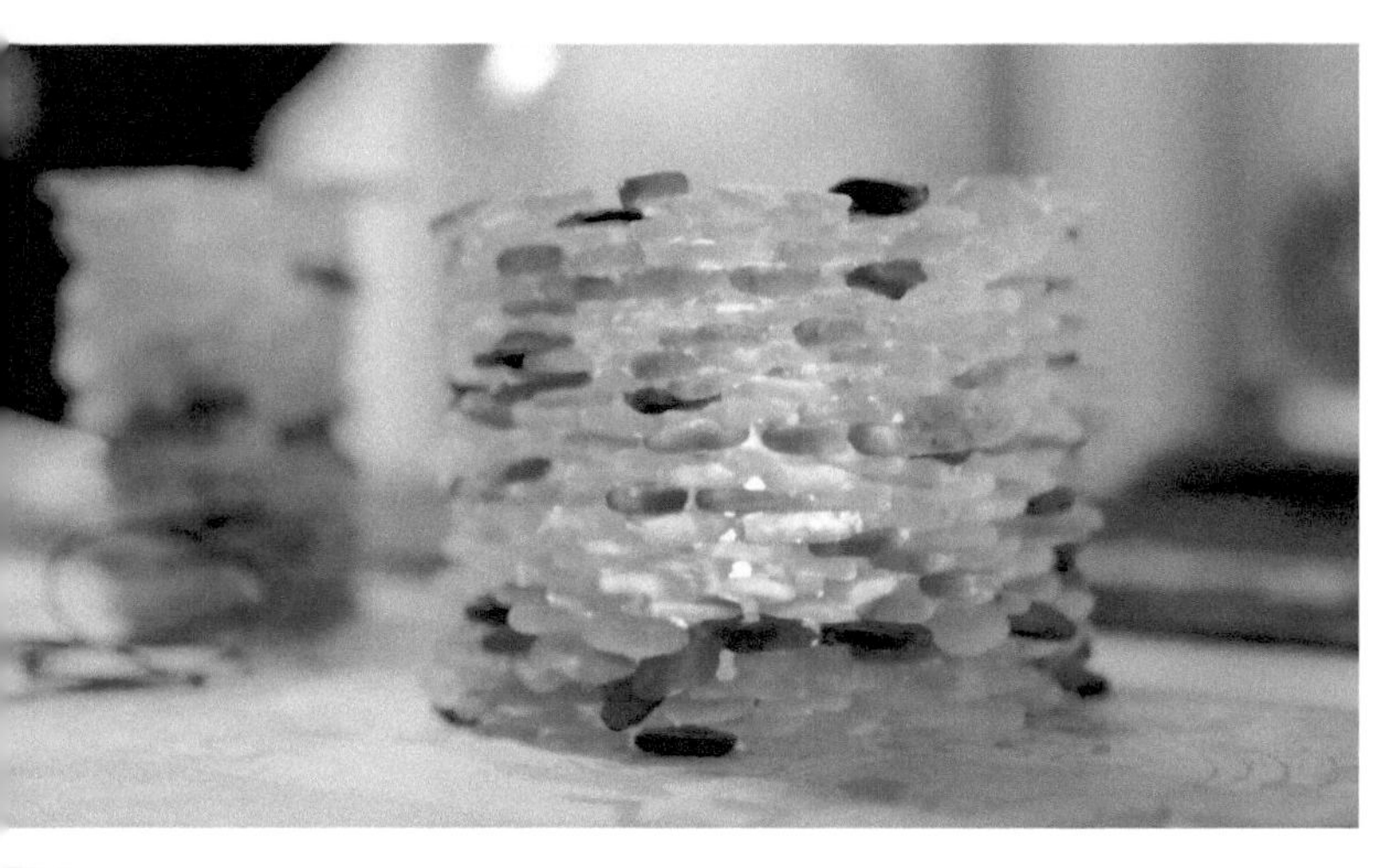

写真　トッド・フォング

七　シーガラス

わたしは世の光です。

ヨハネ8・12

私の友人の作品に〝Finding Beauty in the Rubble〟(『がれきの中に見つけた美』)という短編ドキュメンタリー映画がある。[①] 被災した女性が破壊の中から美しいアートを作る物語だ。

警報のサイレンを聞いて避難所に行くことにしたヒロコは、愛犬のカイを木に繋いだ。

「すぐ戻るよ」と言って。ヒロコは本当にそう思っていたし、カイは尻尾を振って答えた。

四十五分後、町が津波に流されていくのをヒロコは見た。津波は石油精製工場を襲い、その爆発の振動は避難所でも感じた。

カイのことが心配だったが言い出せなかった。近所の多くのお年寄りが取り残されて亡くなっていた。

日が沈んですべてが真っ暗になった。停電になり雪が降り始め、ヒロコは沈黙の中で震えていた。悪夢よりひどかった。

夜が明けてすぐにヒロコは急いで家に帰った。家は倒壊していたが、カイは木につながれたままそこにいた。カイは全身濡れて震えていた。カイがどんな経験をしたのか、ヒロコは想像もできなかった。

「カイ君、ごめんなさい！」とヒロコは泣いた。

ヒロコとカイは高校の体育館で避難生活を送りながら、毎朝浜辺を散歩した。砂浜に色とりどりにキラキラと光るものがたくさん落ちていた。それはガラスの破片が波に揉まれ、長い間の摩擦によって滑らかになった、シーガラスと呼ばれるものだ。ヒロコはそれを拾い集めて避難所に持ち帰り、段ボールに飾ってみた。散歩に行くたびにその数は増えていった。

避難所にはボランティアが大勢来ていた。日本各地から何回も来る人もいた。感謝を表すためにヒロコは集めたシーガラスで小さなネックレスを作って彼らに贈った。

「人の温かさがすごく分かりました。全然知らなくても、こうやって来ていただけるとか、そういうのはすごいなぁと思いました。」

ヒロコは少しずつ、もっと大きな物を作り始めた。ランプシェード、キャンドルホルダー、窓の装飾。ガラスを通して光が輝く。

一年後、自宅が建て直された時、ヒロコは「ワン・デイ・ショップ」と呼ばれる店を開いた。月に一回、家に友達を呼んで、ものづくりを始めた。作る活動を通して、人とつながる方法だった。

「自分に対しての『何もできない人間じゃないんだ』という思いなんですかね。『自分でもこういうことができるんだよ』という一つの形だと思います。」

私もヒロコのネックレスを持っている。白い矢尻のような形でずっしりとした重さがある。

シーガラスは三回の壊れを経ている。最初に、珪砂(ケイシャ)などが高熱で溶かされ、美しい透明な液体になる。次に、窓や瓶などのガラス製品が割れる。そして、最後のステップで、破片の尖ったギザギザの部分が砂や波で少しずつ滑らかになる。シーグラスの美しさは、壊れを通ってできたものだ。

ヒロコの作品はこの変容した美しさで壊れた世界を彩る。彼女のアートは、窓やランプやキャンドルの光で暗闇に輝く色を灯す。神の臨在の光は、私たちがそれを最も必要とする夜に明るく輝く。私たちの砕かれた破壊の中、神は近づき、世界に輝く色をもたらす。

イエスは私たちに語られた。

「わたしは世の光です。わたしに従う者は、決して闇の中を歩むことがなく、いのちの光を持ちます。」（ヨハネ８・12）

神の力によって、破片の鋭い尖った部分は磨かれ、滑らかになる。神は、創造の働きを今も続けている。神は、この壊れた世界を美しい作品へとゆっくりと変容させている。

シーグラスの美しさは、壊れを通ってできたものだ。

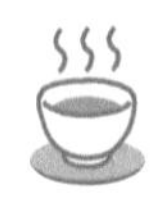

1　誰かにあげるために何かを作ったことがありますか。なぜ買わないで作ったのですか。

2　シーグラスの鋭い尖った部分は砂と波によって磨かれ、滑らかになります。時間をかけて美しく変えられる物は他に何がありますか。

3　「私は世の光です」とイエスは言いました。あなたはどんな光をイメージしますか。

4　シーグラスが灯す光は、どのようなイエスの姿を表すでしょうか。

5　「神が世界に輝く色をもたらす」とはどういう意味ですか。

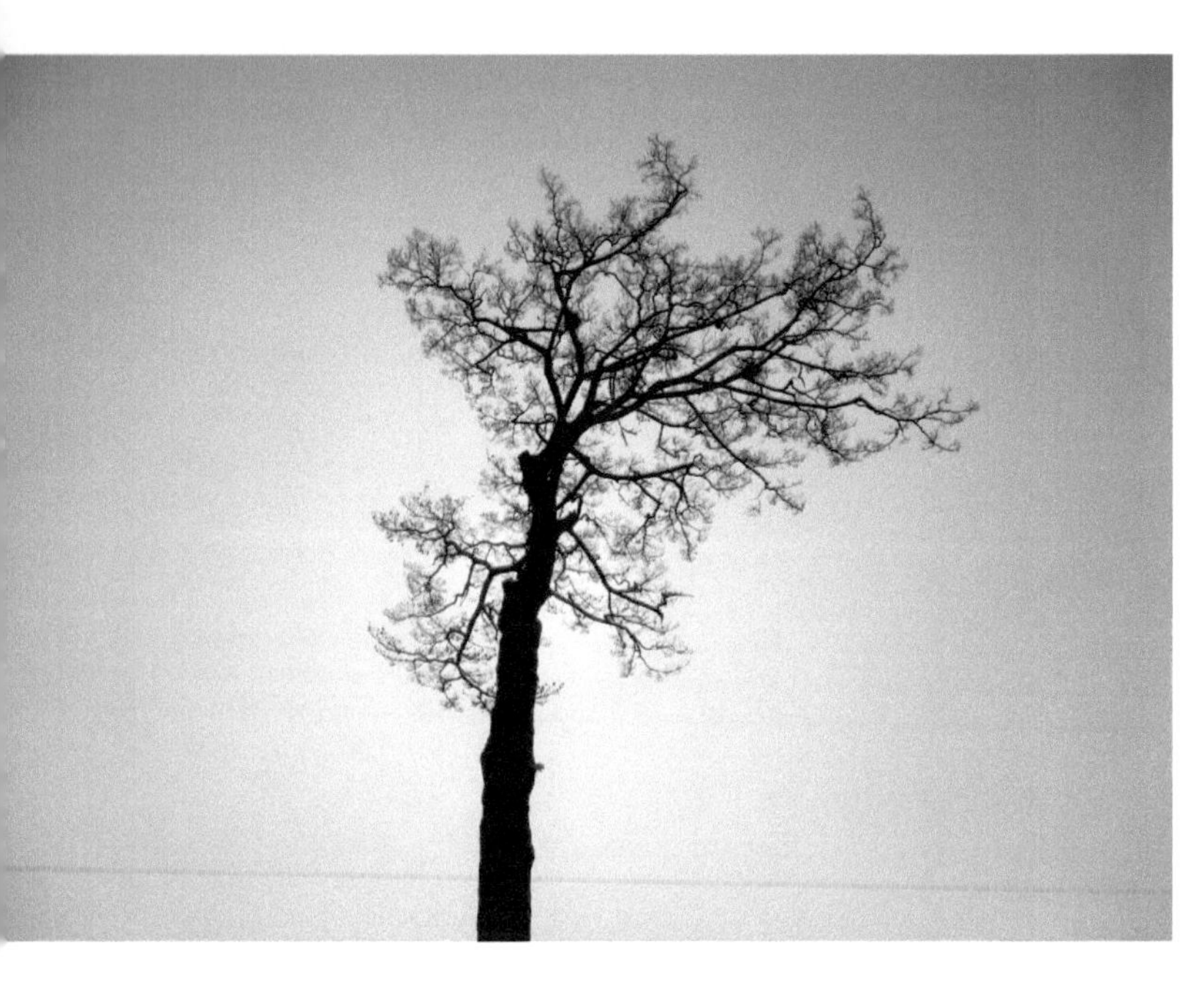

八　いのちの木

いのちの木があった。

黙示録22・2

「すごい！」私は三十メートルほどある巨大な松の木を見上げた。陸前高田市には三五〇年に渡って七万本の赤松と黒松の林が育っていた。防風林として海沿いに植えられたものだ。日本で最も美しい日本百景の一つだった。しかし、津波ですべてが流されてしまった。ただこの一本を除いて。

「行くのがこんなに大変だったとは！」とルカは言った。彼女は石巻でのコンサートのためにともに活動していた音楽家の一人だ。私たちはこの木を見るために一時間ほど道のない泥の中を歩いていた。「津波はこの地域を破滅したね。そして私の靴も。」彼女は足元を見ながら言った。

見渡す限り、広大で荒しい泥の景色だった。すべての木、建物、道がなくなった。十メートル以上の津波は、高田松原を含め、無情にすべてを流した。すべては、海の奥底からの重い土砂で埋められた。

もう一度、松の木を見上げた。七万本の松原も公園の木も流された中、この「奇跡の一本松」だけは、そこに残った。津波の信じられないぐらいの力に抗い、どうにかこの木は立っていた。

数年後に、またこの木を見に行った。私は新しく修復された沿岸高速道路を通って、音楽家の仲間たちと共に次の避難所に向かっていた。辺りはもう暗くなっていたが、町の外れからもその木が見えた。見逃しようがなかった。スポットライトが、闇の中で希望の灯としてその木を照らしていたからだ。

よく見ようと車を止めた。花やベンチや新しい広い遊歩道をもつ美しい公園が木を囲んでいる。今や、日本中でこの話は知られるようになり、この松は日本で一番有名な木になっていた。津波で土に残った塩のせいでその木は枯れてしまったが、保存処理された木がモニュメントとして立てられている。復興と勇気と希望の素晴らしいシンボルだ。夜空に輝く一本松を見て、私はとても感動した。

私は、天の都にあるいのちの木を思い浮かべた。その木はどういう木だろう。この松よりはるかに高いのだろう。巨大で遠くからでも見えるのだろう。そして神の光に照らされているのだろう。

「御使はまた、水晶のように輝く、いのちの水の川を私に見せた。川は神と子羊の御座から出て、都の大通りの中央を流れていた。こちら側にも、あちら側にも、十二の実をならせるいのちの木があって、毎月一つの実を結んでいた。その木の葉は諸国の民を癒した。……もはや夜がない。神である主が彼らを照らされるので、ともしびの光も太陽の光もいらない。」（黙示録22・1－2、5）

私はまた、十字架について考えた。①

「人々はこのイエスを木にかけて殺しましたが、神はこの方を三日目によみがえらせ、現れさせてくださいました。」（使徒10・39－40）

松が陸前高田を守るため植えられたように、十字架の木は私たちをこの世の嵐から守ってくれる。十字架は私たちの癒しと命の源だ。

十字架は、私たちの罪と泥にしっかりと根ざして、壊れた世界を希望の光として照らしている。十字架は、私たちの荒らされた世界の真ん中に、神がいつも私たちと共にいることのシンボルだ。神は私たちの痛みと苦しみの中にいつもいて、私たちをいつも守ってくださる。私は、闇に照らし出された奇跡の松を見て、そんなことを思いめぐらした。

In the cross of Christ I glory,
towering o'er the wrecks of time;
all the light of sacred story

gathers round its head sublime.

キリストの十字架が私の誇り
時が経てば壊れてしまう世に建つ
聖なる福音の光が
十字架の周りを照らす②

1　津波によって残された泥やがれきと、罪の破壊的な力との共通点は何ですか。
2　天のいのちの木はどのような木だと思いますか。
3　天のいのちの木と十字架の共通点は何ですか。
4　「奇跡の一本松」が、天のいのちの木や十字架に似ている点は何ですか。

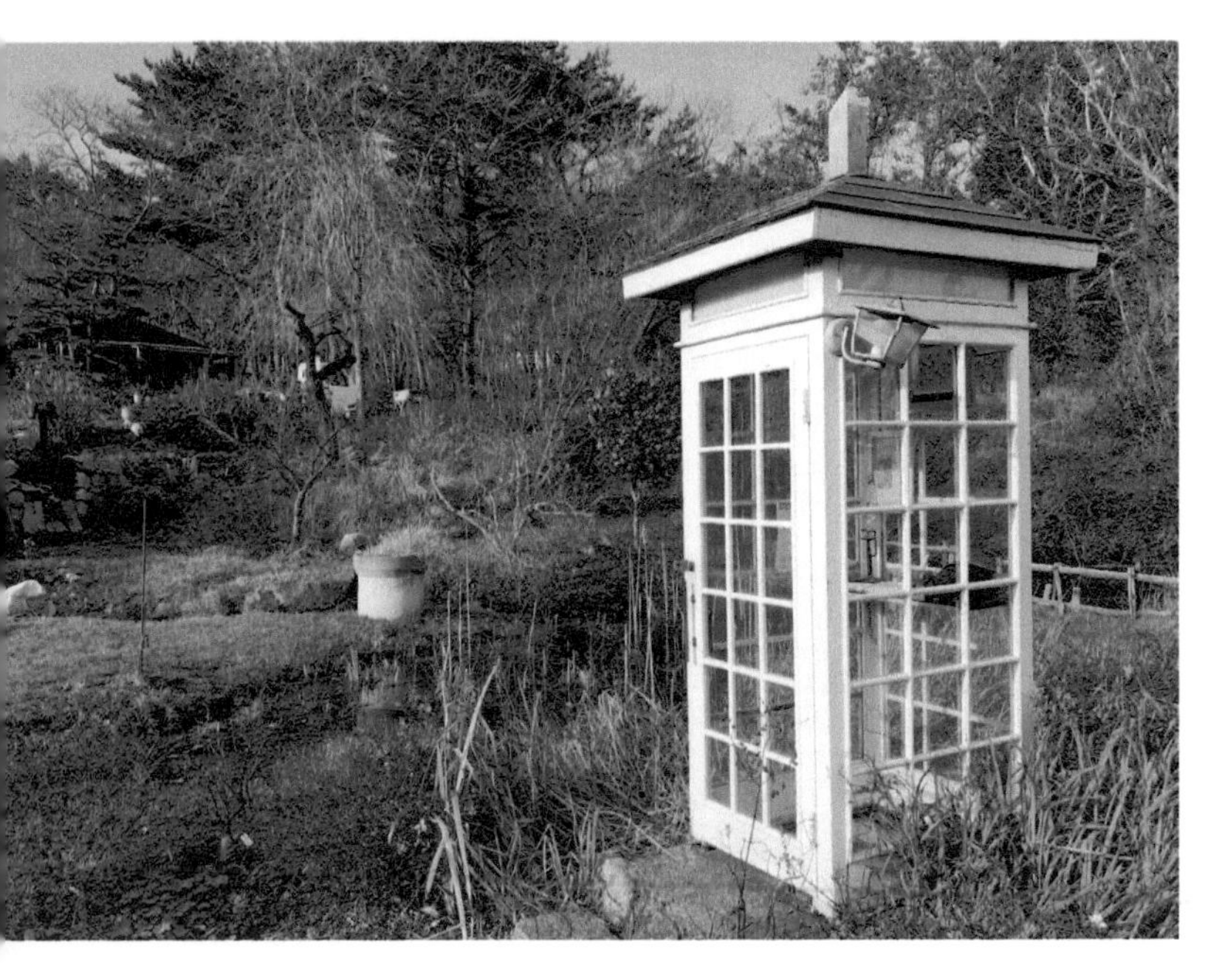

九　風のなぐさめ

風は思いのままに吹きます。その音を聞いても、それがどこから来てどこへ行くのか分かりません。御霊によって生まれた者もみな、それと同じです。

ヨハネ3・8

岩手県大槌町を見下ろすある丘の上、小鳥たちが飛び、やさしい風が海から吹いてくる。木の葉が揺れ、花々が香る。池には金魚が泳いでいる。その庭に、ガラスの白い電話ボックスが立っている。

中に入ってみた。古い黒のダイヤル式電話、壁に貼った新聞記事、日付を示す木製のブロック、開いたノートとペン。台の上には手紙があった。

「あなたは誰と話しますか
それは言葉ですか文字ですか
それとも表現ですか
風の電話は心で話します
静かに目を閉じ
耳を澄ましてください
風の音が又は浪の音が
或は小鳥のさえずりが聞こえたなら
あなたの想いを伝えて下さい
想いはきっとその人に届くでしょう」

この手紙の言葉を思い巡らしながら、ノートに書かれた言葉を読んだ。書かれているのは短い感謝の言葉、庭の美しさについてのコメント、訪問者の挨拶などだった。

電話ボックスを出ると、女の人が丘を降りてきた。

「こんにちは」と女性が言った。

「こんにちは」と私は答えた。友達からこの電話について聞いたと私は説明した。①「たまたま近くの仮設住宅でコンサートをしているので、電話を自分の目で見たかったんです。」

「そうですか。時間があれば主人にも会っていってください。」彼女は石造りのかわいい小屋の方を指差した。日本で登山するときよく見る休憩所を思い出させた。私が小屋に向かって丘を登り初めると、小屋からご主人と思われる男の人が出てきた。

彼は自己紹介して私を小屋に招き、温かいお茶を淹れて、「風の電話」について話してくれた。

「いとこが亡くなった後、この電話ボックスを作りました」と彼は言った。「私の想いは普通の電話では伝えられなかったので、風が届けてくれるように作ったんです。」その次の年、津波が襲って、地域の何千人もの命が奪われた。この電話ボックスのことが人から人へ伝わり、たくさんの人が訪れるようになった。

小さな小屋で、訪ねて来た人々の話を聞きながら、私は大きな悲しみを感じた。多くの人々が別れの言葉を言うためにこの庭に来た。彼らの悲しみは津波のように強く、地震のように破壊的だ。悲嘆の波にのまれ、心は荒々しい壊れた地のようになってしまう。

私はやってくる人々を想像してみた。悲しみを抱えた人々はここで少しの時を過ごす。海から吹く風が髪を揺らし、肌をなでる。目に見えないが、風の動きを感じる。風はいつでも、どこでも、私たちを囲んでいる。

「風は思いのままに吹きます。その音を聞いても、それがどこから来てどこへ行くのか分かりません。御霊によって生まれた者もみな、それと同じです。」（ヨハネ3・8）

聖書の原語であるギリシア語で、「風」「息」「霊」は同じ言葉だ。聖霊は神の息であり、神の臨在は風のようだ。聖霊は、私たちが息をする空気の中、私たちの周りにいつもいる。「私たちは神の中に生き、動き、存在している」（使徒17・28）。神は私たちの嘆きと悲しみを聞き、私たちと共にいてくださる方だ。

悲しむ者には希望があるとイエスは言う。

「悲しむ者は幸いです。その人たちは慰められるからです。」（マタイ5・4）

イエスが話してくれた慰めは、心地よい感傷的なもの、一時的なものではない。この慰めは、私たちの思いをはるかに超え、永遠に続く命と愛に満ちている。

「私たちの主イエス・キリストの父である神、あわれみ深い父、あらゆる慰めに満ちた神……神は、どのような苦しみの時にも、私たちを慰めてくださいます。」（コリント第二1・3－4）

神は、私たちが理解できない時でも、この慰めの約束を与えてくださる。

私たちの悲しみを取り除くために、イエスは私たちの痛みを担ってくださった。私たちの命が死で終わらないように、自ら死んでそして復活した。復活には希望があるが、それだけではない。イエスは死ぬ前の夜に、「助け主、すなわち、父がわたしの名によってお遣わしになる聖霊」（ヨハネ14・26）に私たちが慰められると明らかにした。つまり、神の臨在により私たちは慰められる。

この世界の悲しみの中でも、私たちが神の臨在と祝福から離れることは決してない。神は私たちの嘆く声も、言葉にならない祈りも、聞いている。私たちは嘆きの中で孤独ではない。神はいつもそこにいて、私たちを覆い、包んでいる。

悲しむ者は幸いだ。その人たちは生きている神の永遠の臨在によって慰められるからだ。

この世界の悲しみの中でも、
私たちが神の臨在と祝福から離れることは決してない。

1　私たちの呼吸は、聖霊の動きとその存在を思い出させます。悲しんでいるとき、これはどのような意味がありますか。

2　風はどんなイメージを持つものですか。どのように神の臨在を思い出させますか。

3　悲しみは悪いことです。なぜイエスは「悲しむ者は幸いです」と言いましたか。

4　悲しんでいるからこそ神の臨在をもっと感じたことがありますか。

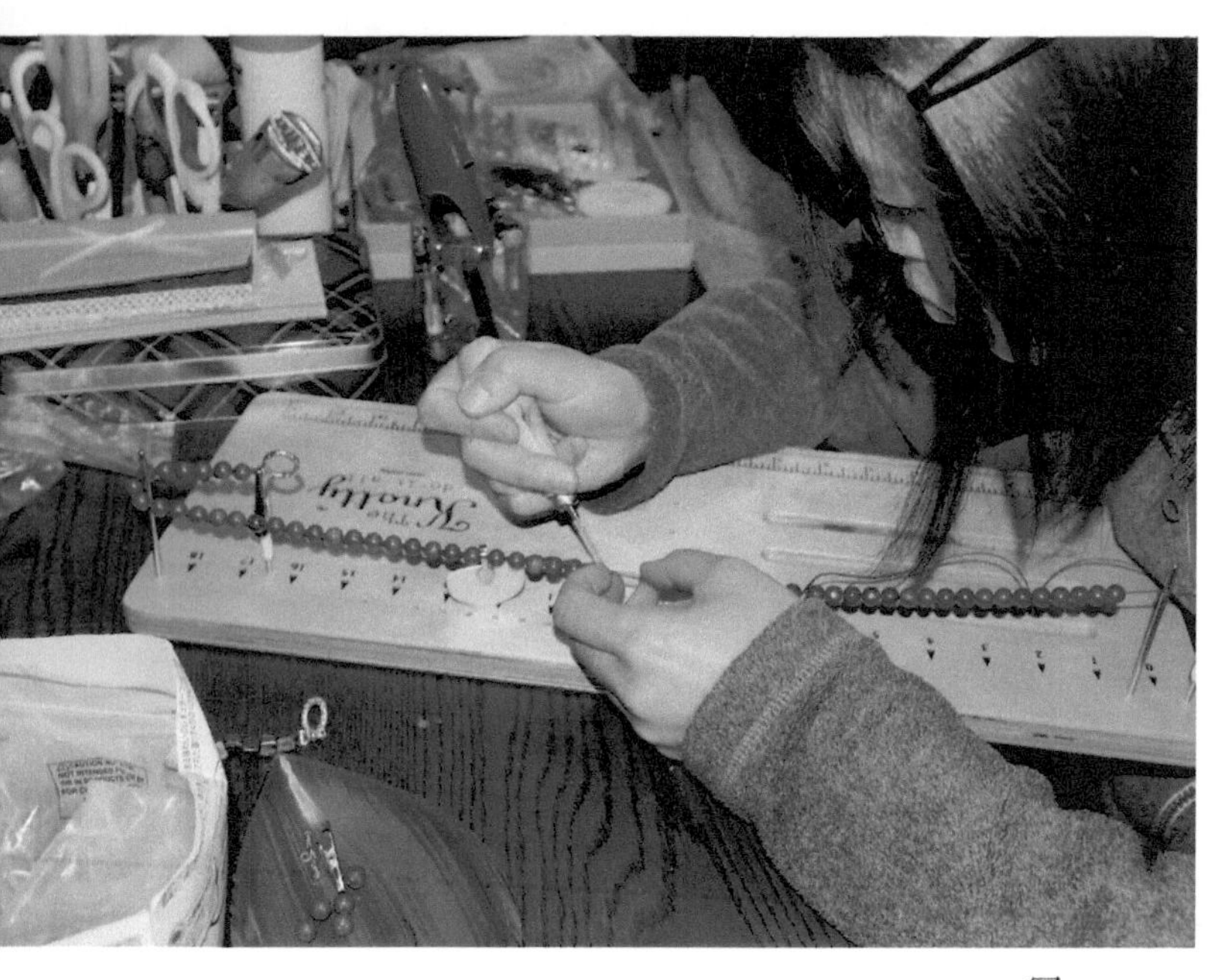

写真　のぞみプロジェクト

十　希望の断片（かけら）

そのころは……この世にあって望みもなく、神もない者たちでした。　エペソ2・12

世界は変わった。瓦礫の中で見つかった古い写真のように、色をなくした。灰色の海底の泥がすべてを覆い、灰色のほこりがいつも舞っていた。太陽は雲の後ろに隠されて、私たちの色のない地を照らしてくれなかった。

世界は平らになってしまった。建物、電柱、木など立っている物はすべてなくなって、山の麓まで空き地になった。残っていたのはコンクリートの基礎と見たこともない形の瓦礫の山だけだった。別の惑星みたいだった。

世界は潤いをなくした。人間の根本的なニーズしか大切ではなくなった。食べ物、水、服、住まい。人の感情がなくなった。微笑んだり、笑ったり、話したりする自然な表現がなくなった。食べ物、水、物資、行方不明の愛する人からの連絡を、人々はいつも待っていた。

石巻市に滞在中、ある時私は仲間たちから離れてこの狂った世界を一人で歩いてみた。地と海の間の神秘的な境いは崩れて、そこにあるのは泥だらけのカオスだった。魚は地面にとり残された。子供のサッカーボールは遠くの海岸に流されていった。[1] 写真フレーム、ゴルフクラブ、茶碗、人形などは海底からの泥の中に散乱していた。大きな船は道があったところに転がっていた。

私は、瓦礫の山に泥だらけのねじれた自転車を見つけた。それを見て、この自転車を修理しよう、もう一度使えるようにしたいという衝動にかられた。落ちている棒を拾って、歪んだフロントタイヤに突き刺し、できるだけ丸くした。フレームに足をかけ、逆さまになったハンドルバーを両手で力いっぱいねじって真っ直ぐにした。サドルは泥だらけで低すぎたが座ることはできた。よし。私は生き返った自転車に乗ってペダルをこいでみた。自転車は瓦礫の間をガタガタと走った。私はこの自転車と一緒に遠くまで行ってみようと決めた。ばかげて見えたに違いない。誰にも見られなくてよかった。

周りには一つの家も残っていなかった。以前はたくさんの家族がここに住んでいたのだろう。子どもたちがこの道で遊んでいたのだろう。誰にも見られなかったことが、急に深い寂しさを感じさせた。

何かを直す行為には意味があるのだろうか。家や建物は瓦礫の山になり、すべては終わってしまったようだった。しかし、私は打ち捨てられた自転車を放ってはおけなかった。それは無駄なことかもしれないし、意味があるのかもしれない。そんなことを考えながら、私と自転車は、石巻の東端まで走った。でこぼこになった海へと続く道は半分海に沈んでいて進むことができなかった。地震で土地がどれほど沈んだかの証拠だ。私たちの旅がここまで続いたのは、小さな奇跡だった。なぜか、私は不思議な喜びに満たされ始めた。

やはり、壊れたものを直すことには価値があるのだ。何かを再び使えるようにするだけではなく、この世界を生きる価値のあるものに変え、新しい命をもたらす。

世界とつながる

石巻市で女性たちが、「のぞみプロジェクト」という団体を立ち上げた。泥の中から拾った皿や茶碗の破片でアクセサリーを作るプロジェクトだ。彼女たちは、自分の壊れた人生を拾い上げ、再び歩み出すために、美しいネックレスやイアリング、ブレスレットなどを作る。

泥に埋まった皿や茶碗の破片を集めることは、非常に辛い行為だった。それらを直接見るには、癒えない傷が深すぎたから。そこで、破片を拾い集めるのはボランティアがすることにした。女性たちは、破片でいっぱいの袋から、一つずつを丁寧に拾い上げた。それは、破片が壊れやすいからではなく、全てが誰かの大切な思い出の破片だからだ。

彼女たちは、それをきれいに洗い、磨き、形成して、美しいものに変えた。波で削られた破片をリサイクルするとより良い物になるということは非常に象徴的だった。この活動によって、彼女たちは単に生き残るということを超えて、癒しが与えられることを経験した。

トモコは老人介護の仕事をしていた。地震が襲った日は休みで三歳の息子と一緒にいたが、彼女は歳をとった人たちを安全な場所に避難させるために職場へ向かった。彼女は親しい友人に息子を頼んだ。しかしその後の津波で、友人と息子は二人とも流された。トモコの心は罪悪感と絶望で引き裂かれた。しかしやがて彼女は「のぞみ」で働くようになり、生き残った娘の名前が付いたアクセサリーを作りはじめた。弟を失って悲しむ娘を励ますために。「何かを作ることで、こんなに癒されるとは知りませんでした」とトモコは言った。

「笑えませんでした。毎日何のために生きているのか分かりませんでした。」とアサミは言った。「食事をしても味もしませんでした。震災から一年経っても、先のことは全然考えられませんでした。」しかし彼女は「のぞみ」に参加してアクセサリーを作り、やがて中心的なメンバーになっていった。彼女はよく笑いよく話しコミュニティを楽しむようになった。

「のぞみ」は、女性たちが信じられないほどの廃墟の真ん中で見つけた、新しい潤いのある場所だった。「ここは私の心の家になりました」とアサミは言った。

人とつながる

美しいアクセサリーになる壊れた破片は、新しい命の象徴だ。しかしそれだけではない。「神は、私たちが考えていた以上に、広い範囲で働いていてくださいました」とのぞみプロジェクトの創設者であるスー・タカモトは言う。アクセサリーは雇用や癒しをもたらしたが、同時にお互いに愛する人々のコミュニティをもたらした。

アサミは言う。「アクセサリーは一人で作れると思っていました。しかし、一人が破片の汚れを取り、一人が磨き、一人がデザインをし、一人が部品を取り付け……皆が必要です。最初は本当にびっくりしました。のぞみに来たばかりの人は、アクセサリーの作り方が分からなければ参加できないと思ってしまいます。しかし、その人のできる仕事が必ずあります。私たちはいつも言っています、『まずは、来てみてください』と。」

　彼女たちは経済的な理由で働き始めたが、それを通して自分自身を精神的に助けることになった。

「一人で子どもを抱えて生活しなければならないと思っていましたが、壊れそうになった時、皆が助けてくれました」とユキコは言った。ユキコは、津波で母親と姉をなくした。姉のおなかにはもうすぐ生まれる赤ちゃんがいた。三人をいっぺんになくしてユキコは重いうつ病になった。「私は途方に暮れていました。死にたいと思っていましたが、子供を残して死ぬことはできなかった。しかし、のぞみで働くようになってからは全然違います。この場所で私の心がこれほど慰められていて不思議です。これがコミュニティの目的だと私は初めて思いました。一緒にこの痛みを経験したので、お互いに励まし合うことができました。おそらくそれが、のぞみの力の一部なのかもしれません。」

神とつながる

アクセサリーを作る事業は、福音を伝える強力な方法もなった。昼食後、女性たちは聖書を読み、話し合い、祈るために集まった。「大きな聖書を持って静かな図書館に行ったこともあります。そこで一人で頑張って読みましたが全然分かりませんでした。一緒に学ぶほうがはるかに分かりやすいと思います。」とユキコは言う。

津波が襲った二年後、ユキコは洗礼を受けた。その後、バイブルスタディーに集まっていたメンバーの何人かがクリスチャンになった。

クリスチャンになるとは、ただ聖書を学び、人生の意味や目的を見つけることではない。一緒にあるべき御国を実現するために、コミュニティを作ることなのだ。それはキリストの手足となり、癒しと愛を必要としている世界にそれらをもたらすことだ。

のぞみプロジェクトを始めたクリスチャンたちは、石巻市でイエスの手足になろうとしたが、彼らの影響はそこにとどまらず少しずつ日本中にそして世界中に広がっていった。購入者から感謝の言葉が寄せられている。

「のぞみのイヤリングが届いたのは、自分が十五年も前から重い病気にかかっていたと診断された日でした。本当に私は絶望し、自分はもう壊れたと感じました。その日の午後、私のために美しい青いパッケージが届きました。まるで神からの贈り物のようでした。それは、私は神の形に作られたということを思い出させてくれました。私が自分の欠点だと思っていたものは、神がご自身の目的を達成するために私に与えてくださったデザインだと分かりました。」

別の手紙にはこう書いてある。

「私はイヤリングをよく付けています。のぞみプロジェクトの皆さんの仕事について人々によく話しています。壊れには美しさがあると人々に伝えています。世界中の人々に喜びをもたらすために尽くしてくださってありがとうございます。」

スーはこう語る。「このような手紙をもらってとても嬉しいです。神さまの御計画はいつも私の計画より大きいのです。私たちの計画をはるかに超えて私たちを通して働いてくださいます。石巻に住んでいる人々のためにのぞみを始めましたが、私たちを通して世界に希望を送るのは神の働きです。」

「のぞみ」は四十二か国にアクセサリーを送った。これらのすべての場所を忘れないように、コミュニティルームの壁の大きな地図に、印が付けられている。

「神は私たちの破れを通して、そして私たちの破れから生み出す美しさを通して、世界中に希望を送っています。」とのぞみプロジェクトに関わっている開拓伝道ネットワークのリーダーであるチャド・ハドルストンは言った。

福音とは何か。私たちは壊れているが、見出されて贖われた。私たちは死んだが、生き返らせられた。私たちはかつて世にあって「望みがない」者だったが、今では望みのある者だ。

「そのころは、キリストから遠く離れ……この世にあって望みもなく、神もない者たちでした。」（エペソ２・12）

福音には、壊れからもたらされた完全さがある。のぞみプロジェクトは、このメッセージを大胆に一つ一つのアクセサリーの作品で語っている。[②]

世界は変わったが、希望は消えていない。灰色の世界には鮮やかな色が戻る。平らになってしまった空き地は元に戻る。潤いをなくした世界には命が満ちる。この破壊された世界には希望の破片がある。希望の破片は、命が繁栄しすべてが直される新しい世界について、ささやいている。

1 何かを作ることを通して癒されたことがありますか。

2 癒しのためになぜコミュニティが大切なのでしょうか。

3 のぞみプロジェクトのアクセサリーは、壊れから生み出される美しい物の一つです。このような物は他に何がありますか。

4 そのような物を見るとどんな希望を感じますか。

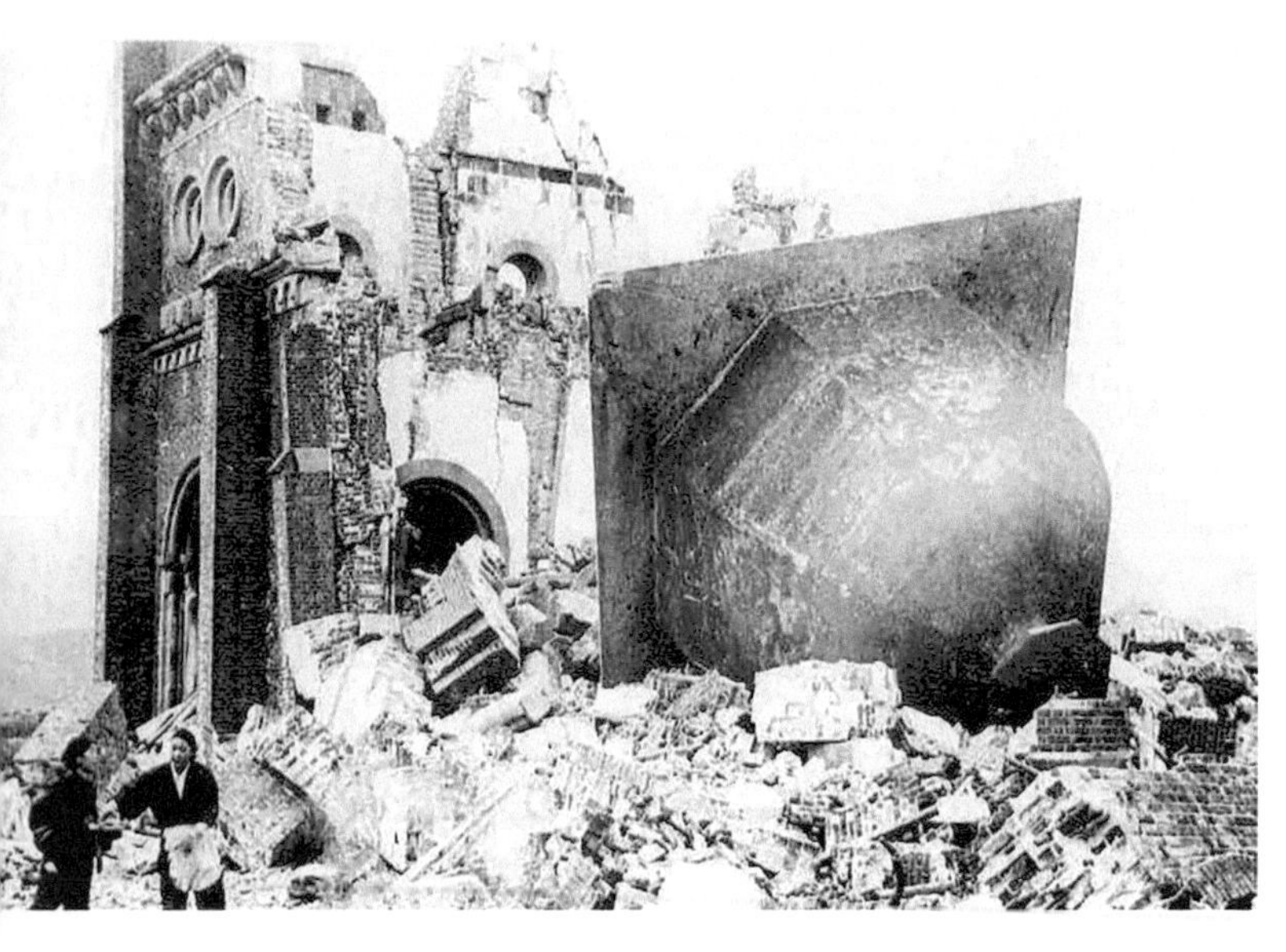

「聖マリア大聖堂」
一九四六年一月七日
パブリックドメイン

十一　壊れた大聖堂

天は大きな響きを立てて消え去り、天の万象は焼けて崩れ去り、地と地にある働きはなくなってしまいます。

ペテロ第二3・10

石巻、女川、南三陸、陸前高田、釜石などの津波で流された場所を訪ねて、他の二つの都市に思いを巡らせた。この都市の名は世界中で知られており、決して忘れられない。広島と長崎。

この二つの都市では、あらゆる物質が破壊された。原子爆弾は恐ろしい破壊力で、人々を一瞬にして消した。生き残った人々も、体の内外の放射能によって細胞から破壊された。この壮絶な状況は言葉では言い表せない。

長崎は、破壊のグラウンドゼロだ。人間は、自然にある物質を利用してこれほどの破壊を行った。それは他の自然災害よりもっと強大な力だ。

しかし、長崎の破壊の話は数百年前に始まった。一五九七年、二十六人のキリシタンが政治の中心である京都から経済の中心である長崎まで、寒い雪の中ほぼ千キロを歩かされた。彼らは丘にある十字架まで歩き、そこに磔にされ、心臓を槍で突き刺された。数か月の間その港に入るすべての船から十字架にかけられた遺体が見えたという。メッセージは明確だった。「キリスト教は入って来るな。」

日本のキリシタンの虐殺はその時から始まった。数十万人が殺された。長崎の人々は北の方に逃げて、浦上村などに二百五十年間隠れていた。彼らは隠れキリシタンになった。彼らはイエスとマリアの絵を前に、屈辱的な踏み絵をさせられた。

一八六五年、日本は世界にもう一度開国した。宣教師が来日し、隠れキリシタンが彼らと接触したことから、迫害が再び始まった。何千人もの人々が長崎から追放され、監禁された。何百人もの人が亡くなった。世界中から非難を受けた日本政府はついに信仰の自由を認めた。

一八九五年、「浦上天主堂」と呼ばれる大聖堂の建設が始まった。①アジアで最も壮大な大聖堂だった。ようやく日本でも公的に神を礼拝できるようになり、もはや、隠れる必要がなかった。大聖堂は、神が神の民と永遠に共にいるというシンボルだった。何百年も踏み絵が行われた、二十六人が殉教した丘の近くの場所に大聖堂は建てられた。これは、自分の息子の苦しみと死を見た悲しみの聖母マリアの聖堂だ。

一九四五年八月九日、すべてが完成してからわずか二十年後、大聖堂は原爆によって破壊された。聖マリア大聖堂の上で原子爆弾が爆発した。

いったいなぜ。彼らはまだ苦しまなければならないのか。

神は、やっとクリスチャンたちが公的に集まり賛美できるようになった場所に聖堂が建てられるのを見た。なぜこのような悲劇をお許しになったのか。よりによってこの場所で。ありえない。

実際、神が許したのはそれだけではなかった。神がそれを指揮したかのようだ。神は、まるで踏み絵を踏むように、世界の目の前で長崎のクリスチャンたちを踏みつけた。しかも、爆弾が爆発した午前十一時二分は、ミサの真っ最中だった。聖マリア被昇天の日が近づいており、いつもより多くの人々が集まっていた。それは少女の聖歌隊が詩篇を歌っている時だった。大聖堂は吹き飛ばされ、人々は皆一瞬にして空気に消えた。

アメリカ軍の目標はもちろん大聖堂ではなかった。小倉市にある化学兵器製造工場だった。しかし、飛行機が小倉に着いたとき空には雲が多く飛行士は地面が見えず、爆弾を投下することができなかった。

そこで飛行機は第二目標である長崎市に飛んだ。長崎には重要な港があり、武器と鉄鋼製造の場所であった。しかし、ここでも地面は見えなかった。飛行機は燃料が残り僅かで、急ぐ必要があった。その後沖縄に墜落したその飛行機には、五分間の飛行分の燃料しかタンクに残っていなかった。

爆弾投下を二回試みたが、やはり地面が全然見えなかった。突然、雲に隙間ができた。雲間から、川と陸上競技トラックが見えた。彼らはただちにその雲間に爆弾を落とし、安全な場所まで飛んで行った。爆弾が爆発したのは聖マリア大聖堂の真上だった。長崎のクリスチャンたちは人類が作った最強の武器が狙った的のようだ。まるで神がこの爆弾を少しずつこの教会の屋根に向けたようだ。

戦争が終わった八月十五日は、奇しくも聖マリア被昇天の日であった。マリア、悲しみの聖母。大聖堂が捧げられたそのマリアの被昇天の日[2]。

その教会で残った物の一つにマリアの木像がある。爆発の炎で、この木像以外、ほとんどが灰になった。瓦礫から救われたその像は、被爆マリアと呼ばれるようになった。他の被爆者と同じように、マリアも無傷ではなかった。顔に塗られたペンキは熱で消えて青白く、ガラスの瞳は完全に溶けてしまった。右の頬は炎で黒く傷ついていた。

再建された大聖堂に初めて入ったとき、その傷ついた像をじっと見て、私は自分の感情がよく分からなかった。写真を撮るには聖すぎた。私はその日の光や風や炎を想像した。何世代にもわたって、この場所で踏みつけられた踏み絵について思い巡らした。

この被爆マリア像以上に、苦しみを表す物があるだろうか。

その時、この像の持つ意味について、そのメッセージについて、自分の感情について、気持ちを整理するために誰かと話したかったが、そこには売店でハガキを売る無表情な女の人が一人いるだけだった。しかし、彼女がわたしに頷いているような気がした。「わかっていますよ」と。

・・・

二十六人の殉教、クリスチャンたちの迫害、原爆、被爆マリア像など、非常に多くのトラウマがここにはある。「怒りの広島、祈りの長崎」という表現がある。広島市民たちが原発反対運動などの活動に熱心なのに対して、長崎は浦上天主堂を中心に祈りのイメージがある。日本では、クリスチャンにとってもノンクリスチャンにとっても、長崎が犠牲の子羊のように見える。長崎の原爆を最後に戦争が終わっただけでなく、二度と核戦争が起こらないように防いでいる。ある意味ではこれは正しい。第三次世界大戦はまだ起きていない。核兵器も使われていない。長崎の破壊と永遠の平和は深い関係がある。被曝して亡くなったクリスチャンの医師である永井隆はこう書いた。

「原子爆弾が浦上に落ちたのは大きなみ摂理である。神の恵みである。浦上は神に感謝をささげねばならぬ。[3]」

この言葉は私に、世界の平和のために犠牲になった子羊、悲しみの人であるイエスのいろいろな姿を思い起こさせる。傷ついた世界の癒しのため、傷ついた木にかかって苦しむ傷ついたキリスト。神の怒りの究極の炎に焼かれ、地獄に堕ちたキリスト。頬を打たれ、いばらの冠をかぶせられ、流れた血で目がかすんだキリスト。私たちの罪の瓦礫に埋められたキリスト。そして、傷跡の残る体で地獄の灰の中から復活したキリスト。キリストは私たちの戦争と憎しみによって傷ついた犠牲者だ。

「まことに、彼は私たちの病を負い、私たちの痛みを担った。それなのに、私たちは思った。神に罰せられ、打たれ、苦しめられたのだと。しかし、彼は私たちの背きのために刺され、私たちの咎のために砕かれたのだ。彼への懲らしめが私たちに平安をもたらし、その打ち傷のゆえに、私たちは癒された。」（イザヤ53・4―5）

永井氏の著書のタイトル『長崎の鐘』とは、浦上天主堂の壊れた鐘だ。鐘楼の一部は

神の怒りの究極の炎に焼かれ、
地獄に堕ちたキリスト。

いまでも原爆で落ちた場所にある。ガラスのケースに保存されたその鐘は、新しい天と新しい地で鳴り響くのを待っているかのようだ。使徒ペテロはこう書いた。

「その日の到来によって、天は燃え崩れ、天の万象は焼け溶けてしまいます。しかし私たちは、神の約束にしたがって、義の宿る新しい天と新しい地を待ち望んでいます。」（ペテロ第二3・12－13）

火ですべてが燃え崩れるとき、すべての傷跡と壊れは、その意味、目的、美しさ、希望に満たされるという約束をペテロは指摘する。

壊れた大聖堂、壊れた都市、壊れた国で賛美している壊れた私たちは、いつか火で燃えることのない都に入ると神は約束する。この完全な回復と改新を待つ間、私たちは破壊された物を再建することを通して、神が既に始めておられる贖いの働きを体験することができる。

聖マリアの大聖堂は、原爆で壊れた姿のままモニュメントとして残そうという多くの声にもかかわらず、教会の人々によって再建され、現在も浦上教会として人々を迎えている。今日私たちは聖マリア大聖堂の階段を上って、中に入ることができる。高い天井と美しいステンドグラスの窓を見ると、明るい赤いガラスが目に入る。これらは長崎周辺で有名なツバキの花を表している。一五九七年、二十六人が殉教して、彼らの血が地面にこぼれたとき、赤い花が丘に咲き始めた。クリスチャンたちはこの花をここに描いた。まさに殉教者の血は教会の種である[4]。美しさは壊れから生まれる。ガラスを通る光は彼らの血だ。あたたかな赤が会堂を満たす。

一五九七年の寒い二月の日、二十六人の殉教者の一人であるパウロ三木が最後の言葉を語った。三木は十字架の意味を見失わないよう私たちに教えている。苦しみの中には希望がある。私たちは、究極のグラウンドゼロ、すべての破壊の終わりの約束、十字架にかけられたキリストの犠牲に目を向けなければならない。

「ここにおいでになるすべての人々よ。私の言うことをお聴きください。私は、ルソンからやって来た者ではありません。れっきとした日本人であって、イエズス会のイルマン（修道士）です。私は何の罪も犯してはいませんが、ただ我が主イエス・キリストの教えを説いたということで、死ぬのです。私は、この理由で死ぬことを喜びとし、これは、神が私に授け給うた大いなる御恵みであると思っております。今、この最後の時を前にして、皆さん方を欺こうとは思いませんので、『人間の救いのためには、キリシタンの道以外の他の道はない』と断言し、説明いたします。

キリシタンの教えが、『敵及び自分に害を加えた人々を許すように』と教えていますことを、私は、太閤様とこの私の死刑に関わったすべての人々を許します。太閤様に対して、憎しみはありません。むしろ、太閤様をはじめ、すべての日本人が、キリスト信者になることを切望いたします。[5]」

1　歴史上、自然災害や戦争による破壊の例がたくさんあります。例えばどんな場所ですか。

2　それらの被害の後、多くの町は復興しました。そのことから私たちはどんな希望を持つことができますか。

3　十字架はどのような意味で「グラウンドゼロ」ですか。

4　十字架はどのように破壊の町に意味や希望をもたらしますか。

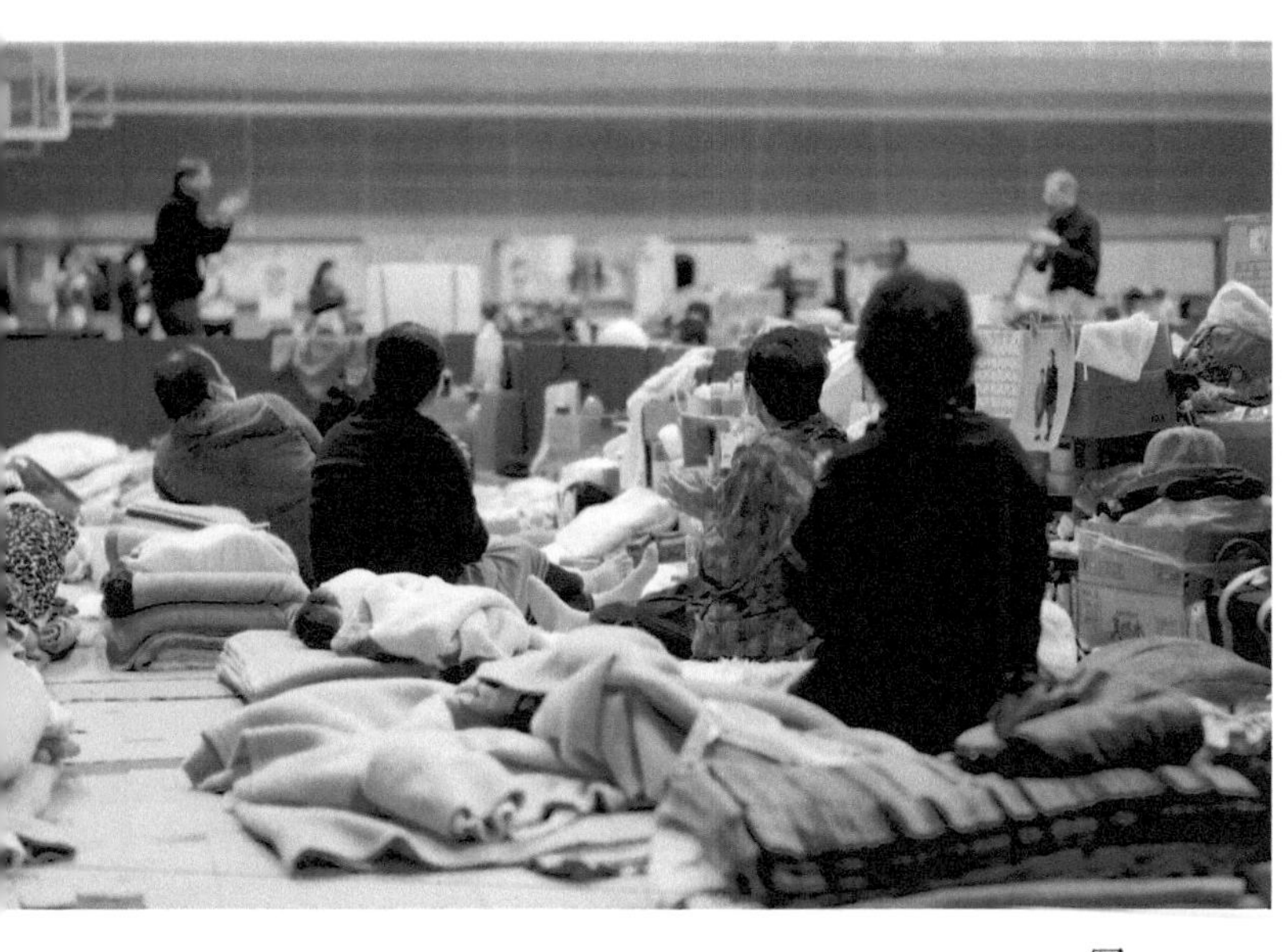

写真　ニコライ・フィスカー

十二　美の香り

わたしは生ける者の地に美を与える。

エゼキエル26・20（著者訳）

炊き出し

被災地での食事は大抵ひどいものだった。被災者も支援活動をする者も、缶詰やインスタント食品しか食べていなかった。確かにそれで生き延びることはできるが、食べる喜びに欠けていた。物資の配達だけでは足りないと私たちは感じた。

東京の自宅の近所の食料品店が肉や野菜を寄付してくれた。レストランが器具を貸し出してくれた。被災地に行くのが初めての十数人がボランティアに行ってくれることになった。その中にはプロの料理人もいた。被災地で炊き出しをするのは初めての経験だ。

妻のアビが先導し、何台ものトラックやバンが石巻市渡波町の一角に到着した。そこはがれきが取り除かれており、人が近くにいると分かった。そこは指定避難所以外の場所で生活している人たちが多いところだった。自宅の二階や、会社で過ごしている人たちもいた。

ひどい臭いがしていた。流されてきた魚や海藻などが太陽の下で腐っていた。ゴミは山のようになっていた。簡易トイレも家々のトイレも溢れていた。トラックのドアを開けるたびに、それらの悪臭に襲われた。破壊と悪臭。地獄のようだとアビは思った。圧倒されそうになりながら、トラックから荷物を下ろした。

発電機をつけ、炊飯器のスイッチを入れた。プロパンバーナーを点火し、大きな鍋で水を湧かした。テーブルを設置し、肉と野菜を切った。豚肉、にんじん、大根、しいたけ、こんにゃく。今回のメニューは豚汁だ。

材料を鍋に投入すると、美味しそうな香りが漂い始めた。それは地震後初めてあたりに漂った良い香りだった。

香りに誘われて周りの建物から人々が出てきて、並び始めた。十人。二十人。五十人。百人。ボランティアたちは心配し始めた。「どうしよう、まだ二時間はかかるのに。」

「大丈夫」とアビは言った。「久しぶりの良い香りを、しばらく楽しんでもらいましょう。」

一緒に来たグループの中には音楽家もいた。アビは彼に提案した。「こんな場所でやりにくいとは思うけど、ちょっと演奏するのはどうでしょう。」泥と瓦礫の中、長い列ができていた。音楽家は尺八を吹き始めた。彼は吹きながら、行列に沿って歩き、泥と水たまりを避けながらゆっくりと進んだ。

尺八の調べがその辺りに満ちた。鍋から漂う香りとともに、その響きは辺りの悪臭を忘れさせた。そこは破壊のない、違う世界のようだった。

ボランティアの作る料理は単なる食糧ではない。音楽は単なる暇つぶしやエンタテインメントではない。これらは命を与えるものだ。辺りに漂っていたのは、確かにそこにある希望の香りだった。それは美の香りだった。

香りは一時的なもので、すぐに消えてしまうものである。しかし、被災地で過ごせば過ごすほど、その必要さを切に感じた。美の香りは、黒い津波に襲われた後にやってきた絶望の波から人々を守る防波堤となった。

辺りに漂っていたのは、確かにそこにある希望の香りだった。
それは美の香りだった。

ホタル

トラックと数台の車は真っ暗闇の中を走っていた。泥の道にタイヤは何度も沈んだ。大雨でできた水たまりをいくつも通った。時折光る稲妻が高い瓦礫の壁が狭い道の両脇にそびえているのを照らし出した。それは違う惑星のような、世界の終りのような風景だった。

私はジュリアード音楽院の学生や卒業生たちと共に石巻市にある小学校の体育館へ向かっていた。十二日間で十四のコンサートが予定されていた。その小学校への曲がりの唯一の目印は、ひどく壊れた歩道橋だった。入口の前で車を止め、私たちは水たまりを避けて跳びながら急いで中に走っていった。

体育館の中も暗かった。電気は止まっており、ガスヒーターもなかった。人々は嵐の恐怖に耐えながら、毛布の下で、懐中電灯でそれぞれ自分の手元を照らしていた。

私たちが予定より少し遅れて入っていくと、二、三人の人が懐中電灯を点けて体育館のピアノへ案内してくれた。私たちは痺れた指でジャケットのジッパーを上までしめた。ピアニストは、演奏するために手袋の指先を切り取った。

嵐が窓と屋根を激しく揺らした。皆の不安は大きくなっていた。

体育館は大きく、真っ暗だったのでほとんどの人が見えなかった。そこは体育館特有の匂いはもはやなく、古い家の居間のような匂いがした。それはどこか懐かしい匂いで、私が彼らと一緒に住んでいたような気持ちにさせた。

一人の男性が二階のキャットウォークに登り、大きな懐中電灯でスポットライトのようにピアノをまっすぐ照らした。そして、ピアニストが演奏し始めた。人々は毛布から出てきて私たちの方に懐中電灯を向け照らし始めた。その灯りは数十匹のホタルのように見えた。

何もない暗闇は、灯りが踊るステージになった。光の演出の中、オーボエが響き始めた。そして、バイオリンも加わった。深い安心感が会場に漂い始めた。嵐の音より音楽が響いた。

避難所に満ちていた不安やストレスが軽くなったような気がした。私はその夜、美の光が嵐や夜の恐怖に勝つのを見た。闇の中にあって光を見つけ、美に包まれるとき、私たちの心は安らぐことができる。

ある夜の演奏会

駐車場はトラックやバンでいっぱいだった。その日の昼間、共に作業したＮＰＯの人々に誘われて私たちが訪れたのは、東松島の丘の上にある古いお寺だった。残った建物のうち、避難所として使える大きさなのはそこだけだった。

私はその夜、美の光が嵐や夜の恐怖に勝つのを見た。

私たちは勝手口から入り、薄暗く長い廊下を歩いていくつかの部屋を通り過ぎた。一つの部屋のふすまが開いていて中をのぞくと、電気ヒーターの赤い光と人々が持っている懐中電灯のわずかな光が見えた。よく見ると床の隅々まで布団が敷かれ、その上に人々が横になって読書をしたり小さい声でおしゃべりをしたりしてくつろいでいた。

さらに廊下の突き当りまで行くと広い部屋があり、男性たちが賑やかに喋っていた。私たちは部屋に入って壁に寄り掛かって、ゆっくりと部屋の様子を見ていた。人々は食べ物やビールが置かれた小さなテーブルの周りに座っていた。彼らの作業服には色々なワッペンが付いており、さまざまな救援グループで働いている人たちだと分かった。大きな笑い声やお喋りを聞いて驚いた。被災地でこんなに楽しそうな場面はこれまでに見たことがなかった。

一人が私に近づいてきて、食べ物と缶ビールを勧めてくれた。私が音楽家だと知ると彼は言った。「今から何か演奏してくれませんか。」

その時、司会者の短い挨拶があって、コンサートが始まった。盲目の人が皆の前に案内された。彼は独唱で民謡を歌い始めた。彼はその地域で有名な歌手だそうで、いろいろな避難所で歌っているそうだ。彼の歌声は部屋の皆を感動させた。私たちは聞きながら、その日の出来事について思いめぐらした。次に、二人の若者がアコースティックギターを弾きながら歌った。

その次が私の番だった。トラックにあるポータブル電子オルガンを設置するスペースはなかったので、キーボードを弾こうと思った。スタッフらしき人が申しわけなさそうに言った。「すみませんが、キーボードスタンドがありません。だから、弾いている間、二人でキーボードを持っています。」

私は前の年の出来事を思い出した。私はアメリカのテネシー州の女性刑務所でコンサートを行った。刑務所に入る時、警備員が私のキーボードを取り上げた。「武器として使用できる物は持ち込めません」と警備員が私に言った。私のキーボードが武器？

いくつかの狭い廊下、セキュリティードアを通って、囚人でいっぱいの広い部屋に案内された。

「ここで待って」と警備員は言って、私を部屋に残していった。すべての視線が私に注がれていた。彼はまもなくビニールのカバーがかかった小さな電子ピアノを持って戻ってきた。

私はできるだけ早くセットアップした。キーボードスタンドとペダルがなかった。「他の部品がありませんか」と私は聞いた。ない。私はキーボードをテーブルの上に置いた。電源ボタンを押したがつかない。

「別のコンセントを試してみてください」と警備員は促した。二回やり直して、ようやくついた。壁のコンセントは「事故」を防ぐために電圧を下げているそうだ。部屋にはエアコンがなくて、とても暑かった。一つの扇風機しかなかった。

「扇風機をこっちに向けて」と一人が叫んだ。

「ちょっと、こっちにしてよ」と部屋の反対側から他の声がした。扇風機の前に座っていた女性が立ち上がって怒鳴った。「向きなんて変えてやらないよ。あんたたちの母親じゃないんだから。」

目の前で戦いが起きると思ったので、私はとりあえず挨拶してみた。「みなさん、今からコンサートを始めます。」しかし、誰も私の話など聞いてくれなかった。ケンカが続く中私は弾き始めた。一曲目は私が編曲した「さくらさくら」にした。たいてい一曲目はもっと元気な曲を弾くのだが、静かな曲がいいと思ったのだ。するとすぐに雰囲気が全く変わった。部屋がだんだん落ちついた。曲の最後にはシーンと静まりかえっていた。

扇風機の下に座っていた女性が黙って手を挙げた。「はい」私は恐る恐る彼女に顔を向けた。何を言い出す？

彼女は言った。「美しかった。もう一度、弾いてください。」

キーボードスタンドがなかったことからこの出来事を思い出して、同じ曲を弾こうと思った。しかし、その前にこの部屋の雰囲気をもっと軽くしたかった。

電子ピアノを弾いてみた。高すぎた。私はおおげさに首を傾げてみせた。キーボードスタンドになった二人がキーボードを下げた。私は弾いて今度は低すぎる、と首を傾げてみせた。数人が笑ってくれた。

私はちょうどいい高さにキーボードを調節し、そこから動かさないよう二人に手で合図した。完璧だと私はうなずいて微笑んだ。多くの人々が笑った。

左の男性に顔を向けて、目でたずねた。準備はいい？彼はうなずいた。右の男性に顔を向けて、同じようにした。彼もうなずいた。

コンサートの始まりだ。低音を強く弾きすぎて、キーボードスタンドの腕が少し下がった。ごめんなさいと私は言って、もっと軽く弾いた。一分ぐらい即興演奏をしてから、一曲目を弾き始めた。「さくらさくら」。

皆が私の方をじっと見ていた。一人の声も聞こえなかった。音楽が私たちを泥や恐れや苦しみがない世界に運んでくれた。

演奏が終わって、部屋は拍手に包まれた。私はお辞儀をし、キーボードスタンドの二人もお辞儀をしようとしたが、タイミングが合わず上手くいかなかった。キーボードを床に下ろして、一人ずつお辞儀をすると、笑いとともに大きな拍手が起こった。

嬉しくて、楽しい夜だった。忘れていたそのような瞬間が永遠に続くことを私は願った。

思いがけない反応

私と二人の音楽家は女川原子力発電所敷地内の体育館にいた。そこで約百人が避難生活を送っていた。地震から二か月後の午後二時四十六分。一分間黙祷した。そして、コンサートが始まった。それは私がこれまで経験した中で最も沈んだ聴衆だった。皆うつむいていた。誰も私の方を見ていなかった。彼らは私たちがそこにいることを望んでいなかった。いや、むしろ、彼らは私たちを気にしていなかった。隣の人とおしゃべりもしないで、力なく座っていた。彼らは、愛する人が戻ってこないと知っていた。家も仕事もなく、生きる目的がないようだった。

どうしようと私は思った。普通のコンサートではないので、いつものような楽しいオープニングは相応しくない。

尺八が体育館の端で静かにメロディーを奏でた。フルートが反対側から答えた。メロディーのコールアンドレスポンスが部屋を渡って、だんだん長くなった。二人は人々の間を通ってお互いの方に近づいた。

部屋は魔法に満ちた。うつむいていた人々が顔を上げた。曲のテンポが上がるにつれて、手拍子が起こった。

コンサートの後で中学生が話しかけてきた。「私もフルートを吹いているんです」と彼女は恥ずかしそうに言った。

「吹いてくれませんか」と私たちはお願いした。彼女は微笑んで、服や懐中電灯やペットボトルの下からフルートを取ってきた。避難所に入って以来、初めてケースから取り出したのだろう。彼女が吹き始めると、すぐに音楽家二人も自分のフルートで加わった。すると、五、六人の女性たちが笑いながら踊り始めた。

ほんの少し前まで、あんなに沈んでいたのに、なぜ彼女たちは踊っているのだろう。彼女たちもその理由は分からなかっただろう。しかし、私たちにはその時、理由は必要なかった。

音楽の力

六ヶ月間、私たち音楽家はロビーや図書館、ホールやホテル、お寺や教会、道端や階段など、人々が集まるところならどこでも演奏した。私たちは被災者のたくさんの涙を見、笑い声を聞き、そして何百もの英雄と喪失の話を聞いた。

音楽は破壊の中で思っていた以上に力があった。子供たちが楽器を弾いてみようとやってきた。八十四歳の男性が、避難所の皆の前で私たちと一緒に歌ってくれた。部屋中の人々が泣き出すのを私は何回も見た。初めて泣けるようになったという人もいた。避難所であるコミュニティセンターや体育館が素敵なコンサートホールに変わった。

衣装がジーンズと作業靴のままだったこと、トラックで寝ているせいで髪が乱れていたことは問題ではなかった。数えきれないミスタッチも、音響システムの不調も、電子オルガンから音が出なくても、パソコンがフリーズしても問題ではなかった。電子オルガンのせいでブレーカーが落ちたこともヒューズが飛んだこともある。ある時は、通りかかった人が電源コードに足を引っかけて、突然コンサートが終了となったこともあった。

美は町を再建することはできないが、人間性を回復することができる。美は家族や友達を取り戻すことはできないが、彼らのために泣けるよう心を導くことができる。私たちを互いに結びつけてくれる。

音楽は破壊の中で思っていた以上に力があった。

死の悪臭はまだ漂っていたが、美の香りは毎回それに打ち勝った。疲れた顔に微笑みが浮かんだ。子どもの目が輝いた。ストレスと悲しみに耐えるために固くなっていた心がほぐれていった。希望と命の調べと香りは、私たちを美しい世界へ連れて行ってくれる。

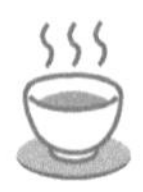

1　音楽とアートの癒しの力を体験したことがありますか。

2　「美の香り」と言えば何を思い出しますか。

3　痛みや苦しみの中、美を通して希望をもたらす方法は具体的にどんなことがあるでしょうか。

4　それによって、周りの人に神の臨在を示すことができると思いますか。

あとがき

私のマンションからほど近い隅田川沿いに大きな公園があり、私はよくそこでジョギングをしている。そこはかつて関東大震災で大きな被害があった場所だ。

一九二三年、昼食時の少し前だった。壊滅的な地震が東京を襲った。壊れた建物が燃え、辺りは火の海となり、人々は逃げ惑った。多くの人々は隅田川近くの広い空地に避難した。だが、その場所も川も彼らを守ることはできなかった。そこで彼らは火に囲まれ、三万八千人以上が亡くなった。この震災による死者は全体で十万五千人を超える。その場所にできた記念博物館は当時の様子を伝えている。

震災直後、小説家菊池寛氏はこう書いた。

「第一の打撃は、文藝と伝ふことが、生死存亡の境に於ては、骨董書画などと同じように、無用の贅沢品であることを、マザ〳〵と知つたことである。かねて、さうであることは、知つてゐたもの丶、それを、マザ〳〵と見せられたのは、悲しいことだつた。

今度の震災では、人生に於て何が一番必要であるかと伝ふことが、今更ながら分かつた。生死の境に於ては、たゞ寝食の外必要のものはない。食ふことと寝ることだ。佐々木茂索、戯れて曰く、「クーネル」派の文学を興さんと。震後四五日、我々は喰ふことゝ寝ることとの外は、何も考へなかつた。『パンのみにて生くるものに非ず』などは、無事の日の贅沢だ。[①]」

私にとってこの言葉は打撃だった。芸術は「無用の贅沢品」なのだろうか。「生死存亡の境」には食べ物、水、宿しか重要ではないのだろうか。書画がなくても人は生きられるのだろうか。アートは震災において何の役割も果たさないのだろうか。

この本を書いている二〇二〇年七月、新型コロナウイルスが世界中に広がっている。ニュースで恐ろしい数字が伝えられている。[②]

子供たちは学校で学ぶことができない。私は仕事に行くことができない。移動は制限され、自由に人と会うこともできない。マスクを使わなければならないが、十分なマスクはない。

今は落ち着いたが、トイレットペーパーや小麦粉など生活に必要なものが思うように買えないこともあった。

孤独な人、生活に困っている人がいる。これからどうなるのか、誰も分からない。

世界にはいつも災害がある。私たちはこの世界で何ができるのだろう。

シャノン・ジョンストンが、たくさんの人々が一本のマフラーを編み続けていく「The Scarf」（マフラー）というプロジェクトを行っている。このプロジェクトは、二〇一一年の震災後に始まった。日本のための思い、祈り、愛情がマフラーとなって抱くように優しく人を包む。

赤、黄、青、ピンク、紫など、何百人もの人が好きな色で編んでいく。幅は二フィート（六十センチ）で歩いて行く二本の足（フィート）を表す。現在長さは百フィート（三十メートル）以上になっている。これは人々が共に歩き続けることの象徴だ。

「マフラー」はハリケーン・サンディに襲われたアメリカへ、山火事の起こったオーストラリアへも送られ、編み続けられた。竜巻、洪水、そして今のコロナウイルスの感染、災害が次々と起こるたびに、マフラーは長くなり、その込められた思いは強くなる。二〇二一年の震災十周年追悼式のためにもう一度日本に戻る予定だ。

震災から一年後、シャノンと私は「マフラー」をたくさんの仮設住宅に運んだ。長いマフラーを仮設住宅を包むように飾った。そこに住んでいる人々がマフラーを見て近づいて来ては編んだ。場所を移すたびに、マフラーは長くなった。人々は集まって編み物をし、おしゃべりをし、コミュニティができていった。

「ほら、あなたもやってみて。」ある時、参加者の一人の女性が私に言った。私は編んだことがなくためらったが、編み棒を受け取った。

編み方がぜんぜん分からない私にその女性は楽しく笑いながらやり方を教えてくれ

私たちは孤独ではない。私たちの人生は互いに繋がっている。

た。

周りに人々が集まってきて賑やかにおしゃべりしていた。その間、私は集中して、間違えないように一生懸命に編んだ。できれば数センチ編みたかった。

「どう？ できる？」と別の女性が聞いた。

私は自慢げにこれまでに編んだ部分を見せた。

彼女は笑って、私も笑った。パーティーのような雰囲気だった。

私は立ち上がって、彼女に編み棒を渡した。彼女が続きを編み始めた。私はマフラーを改めてよく見た。その長さから、参加した人々の多さと、彼らの存在を感じた。

異なる色、異なる太さの糸で編まれたそれぞれの部分はバラバラのように見えるが、組み合わさって一つにまとまっている。私たちは孤独ではない。私たちの人生は互いに繋がっている。

災害がこの世界にある限り、このマフラーは編みあがることはない。編み棒はいつも次の段を編むためにそこに付いたままだ。

世界は壊れていく。しかし、私たちは美しい作品を作り続けることを止めない。美しいものを段ボール箱に詰めてそれが必要な人のところに運ぶ。

人々が集まり、コミュニティが生まれる。

美は希望を生み、人々を励ます。

神は、美しさと愛で私たちを結び合わせる。私たちが生かされている世界には、絶望的な状況もある。しかし、そこには思いがけない美の香りが漂っている。

その香りが、多くの人々へ届きますように。

・・・

この本に書いたのは、二〇一一年の私の経験のほんの一部だ。多くの人々が共に東日本大震災の被災地のために働いた。私は同じ目的のために人々がこれほど一致するのを見たことはない。

「佃 LOVES 東北」と「braveaction」の女性たちに感謝する。木津綾子さん、ヤギちゃん、佐藤佐和子さん、渡部美穂さん。東京においてママ友のパワーが集結した。

グレース・シティ・リリーフと「Grace Mission Tohoku」の男性たちにも感謝する。青柳聖真牧師、福田真理牧師、福田基生さん、堀野陽二さん、大舘（おおちゃん）晴明牧師、アイザック・ノップ宣教師。彼らのおかげでトラックは走った。その距離を合計すると何千キロになるだろう。

石巻クリスチャンセンターの皆さん。中橋スティーブンさん、天野亮&真実夫妻、バージニア・ラバレー・ベアボアさん、レイチェル・リース・コルマイヤーさん。彼らの友情に感謝している。

一緒に支援活動に参加したミッション・トゥ・ザ・ワールドの宣教師の仲間たち。マット・チェイスさん、ダン・アイバーソンさん、ボーブ・ドゥルースさん。

活動を通して出会った人々。佐藤彰牧師、佐藤将司牧師、立石彰牧師、森章牧師、伊藤宣子さん、スー・タカモトさん、チャド・ハドルストンさん。小沢倫平&明美夫妻。素晴らしい出会いに感謝している。

来日する決断をしてくれたジュリアード音楽院学生チームに感謝する。アレクス&レイチェル・マクドナルド夫妻、ション&グレース・ケナード夫妻、老田ルカさん、ステファニー・ユーさん、ジョー・リーさん、マイケル・カッツさん、マックス・ブレアさん、スヨン・キムさん、ハナ・スチュアートさん。彼らと被災地で共にコンサートをしたのは忘れ難い経験だ。コリン・ミラーさんは撮影をするために来てくれた。

一緒に活動してくれた音楽家たちにも感謝する。スティーブ・サックスさん、ブルース・ヒューバナーさん、デイブ&ヘイディー・スキッパー夫妻、遠藤絵理さん&グレースシティゴスペルクワイヤー。


この本を書くにあたって協力してくれた人々にも感謝を述べたい。

日本語の指導をしてくださっている伊藤敦子先生の手助けなしでは、この本を書くことはできなかった。伊藤先生のおかげで、日本語だけではなく、本の内容自体もより深く考えることができた。すべてのページを細かく読んでくれたクリスティーナ・デヴィソンさんにも感謝する。編集のアイリーン・ラスさん、また、私の母ジャネット・ラウザーも校正に協力してくれた。

そして、妻のアビ。この本はアビと一緒に書いたと言ってもいい。彼女のアイデアや助言によってこの本はできた。アビがいなければ、私はこの救援活動に参加することも、この本を書きあげることもできなかったに違いない。この本を書くために貴重な家族の時間を犠牲にするのを許してくれたことも感謝している。いつも一緒に歩んでくれて、ありがとう。

原注

『美の香り』によせて

1　この出来事の少し前にイエスはマリアの兄弟ラザロを死からよみがえらせた。

2　英語では視力を表す「20/20」から、明確な視点という意味の「20/20ビジョン」という表現がある。視力20/20は日本でいう1.0。メガネの必要がない視力とされる。2020年と20/20ビジョンの結び付きのアイデアについてアーティストである友人原田隆氏に感謝する。

一　やめよ。知れ。

1　五年後に熊本で大地震が起こり再び救援活動に参加した時、この感情に再び襲われた。あの時と同じ、「余震だ！窓から離れろ！」という叫び声。余震を恐れ、建物の中で眠ることができず車の中で眠る人々。アパートの一階が倒壊しているのを見て、何人が中で亡くなったのか考えたくなかった。阿蘇火山が噴火するかもしれないという話を聞いた。「もういい！やめてくれ！十分だ！」と何回も私は大声で叫びたかった。

二　あっちへいけ！

1　このボランティアチームは、いわき市のグローバルミッションチャペルの森章牧師がリードしてくれた。教会の詳細　www.globalmissionchapel.com

三　新しい名で呼ばれる

1　賛美歌21「ああベツレヘムよ」

四　寄留の人々

1　二〇一一年三月十二日十五時三十六分に福島第一原子力発電所一号機で、十四日十一時一分に三号機で、十五日六時十分に二号機で爆発があった。四号機では、十五日八時五十四分と十六日七時に火災も発生した。

五　細く白い傷跡

1　柳谷雄介「聖なる傷あとに触れる」新生釜石教会、二〇一一年五月一日、説教
www.shinseikamaishi.com

2　ロジャー・W・ラウザー『ピアノのピッピーと黒い波』（コミュニティーアーツメディア、二〇二〇年）という絵本で、ピアノの視点でこの話を詳しく伝えている。

3　釜石市のある建物の屋上に取り残された船の名前は「はまゆり」だった。これは東日本大震災の象徴的なイメージの一つになった。

六　神はどこ？

1　北森嘉蔵『神の痛みの神学』（初版一九四六年、新教出版社）第二版、教文館、二〇一五年、二〇一―二〇二頁

2　同書、一七八頁

3　参考「わたしは砂浜を海の境とした。それは永遠の境界で、越えることはできない。波が逆巻いても勝てず、鳴りとどろいても越えられない」（エレミヤ5・22）。「鳴りとどろく」を表す「hāmû」という動詞はイザヤ59・11で熊の唸り声、詩篇59・6で犬の吠え声、詩編46・6では国々の立ち騒ぎを表す。

4　聖書の最もはっきりしているテーマは、神が私たちと共にいることを望んでおられるということだ。申命記31・6、ヨシュア1・9、詩篇23・4、46・1、7、11、イザヤ7・

14、41・10、ゼパニヤ3・17、マタイ1・23、28・20、ヘブル13・5、ローマ8・38―39

七　シーガラス

1 "Finding Beauty in the Rubble"（『がれきの中に見つけた美』）、ポール・ネザーコット制作、マシュー・T・バーンズ監督、二〇一五年

八　いのちの木

1 ローマ兵士は主に松、杉、ヒノキの木を十字架に使った。キリストの十字架は松でできていたかもしれない。

2 "In the Cross of Christ I Glory," John Bowring, 1825（日本語訳は筆者による）

九　風のなぐさめ

1 この電話ボックスはテレビ、映画、さまざまな書籍で取り上げられ広く知られるようになった。アメリカのラジオ番組「This American Life」でも放送された。“One Last Thing Before I Go,” Episode 597, September 23, 2016. www.thisamericanlife.org/radio-archives/episode/597/one-last-thing-before-i-go

十　希望の破片

1 このサッカーボール「奇跡のボール」は、日本から五千キロ離れたアラスカ州の海岸でアメリカの科学者によって見つけられた。数年前十代の少年が転校する際に教師と十三人の同級生から贈られた物だった。いつも彼のベッドの近くにあったこのボールだけが、海から戻ってきた物だった。

2 のぞみプロジェクトの詳細、商品の注文　www.nozomiproject.com

十一　壊れた大聖堂

1　隠れキリシタンが全員ローマカトリックになったわけではない。何年も孤立した状態を経て、隠れキリシタンの宗教は異なる伝統と信仰を持つ別のものになった。

2　広島のグラウンドゼロは島病院（現在島外科内科）だ。原爆ドーム（Aドーム）から徒歩約5分の場所にある。この病院は米国で最大の病院であるメイヨークリニックをモデルにして作られた。偶然にもメイヨークリニックはかつて聖マリア病院と呼ばれていた。

3　永井隆『長崎の鐘』（初版一九四九年）第二版、勉誠出版社、二〇〇九年、九一頁

4　Tertullian, Apologeticus, Chapter 50

5　パウロ三木の最後の説教、日本二十六聖人記念館、長崎。フランシスコ会員マルセーロ・デ・リバデネイラが二十六人の殉教を見た後、追放されたマニラでこの言葉を書いた。

あとがき

1　菊池寛「震後雑感」、『編年体　大正文学全集　第十二巻　大正十二年』ゆまに書房、二〇〇二年十月二十五日、五五四－五五七頁（初出誌「中央公論」一九二三年十月号）

2　感染者：一億人以上、死亡：二五〇万人（二〇二一年二月現在）

本文中の名前はプライバシーのために一部仮名にしています。

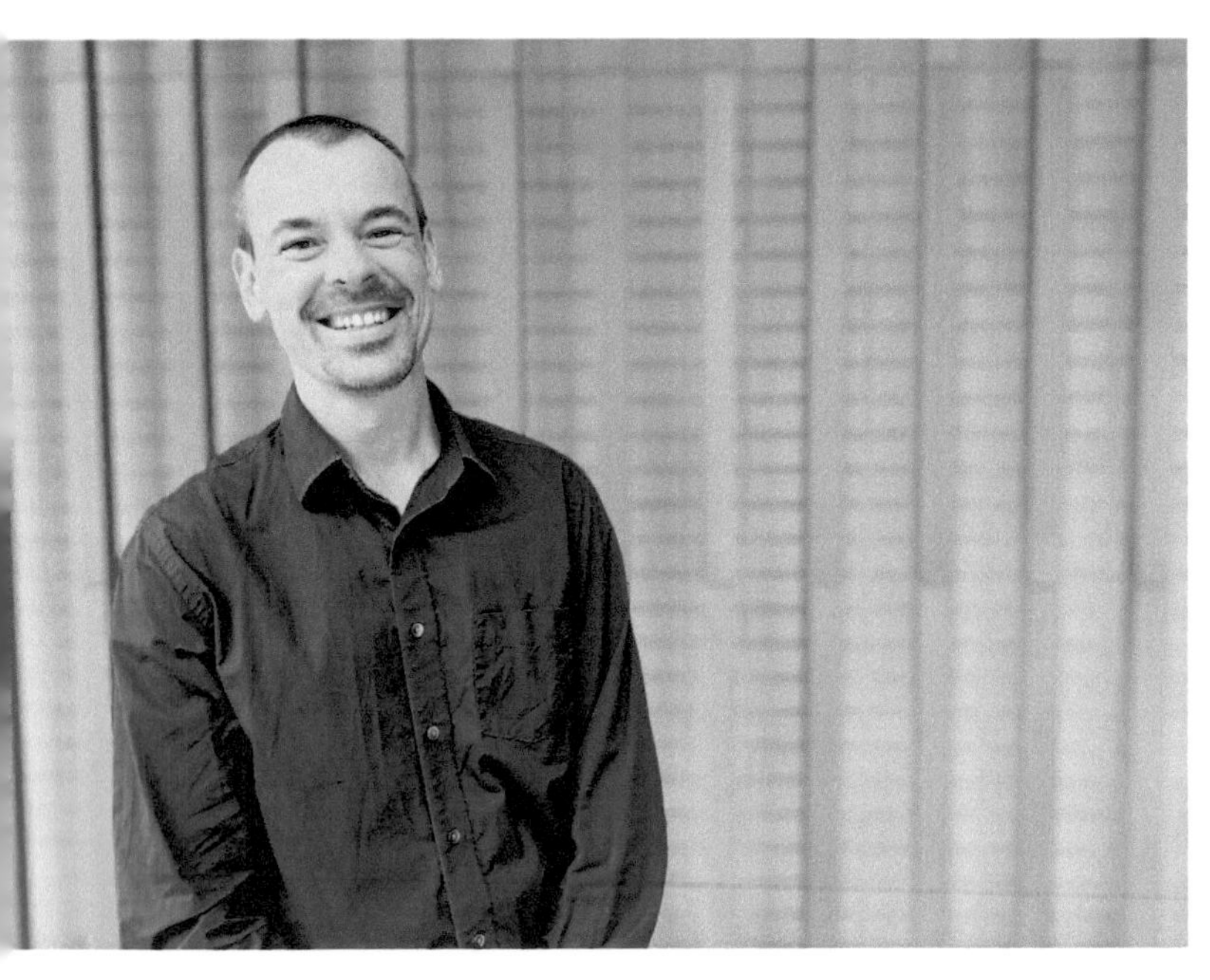

著者

ロジャー・W・ラウザー　Roger W. Lowther

アメリカ・ボストン出身。コミュニティーアーツ東京のディレクター。グレースシティーチャーチ東京の「フェイス&アート（信仰と芸術）」のディレクター。宣教師として活動する芸術家のグローバルネットワーク「The MAKE Collective」のディレクター。アメリカのジュリアード音楽院にてパイプオルガン演奏修士、コロンビア大学にてエンジニアリング応用物理学学士を取得。現在リフォームド神学校修士課程で学んでいる。五枚のアルバムをリリースし、コンクール受賞も多数。二〇〇五年に来日し、現在家族と共に東京の月島に在住。登山、マラソンが趣味で各国へ出かけている。www.rogerwlowther.com

読者の皆さんへ

『美の香り』を読んでくださってありがとうございます。10年間あたためたストーリーをやっと皆さんに伝えることができ、嬉しくて言葉もありません。

ご感想を Amazon のレビューや SNS（#aromaofbeauty）などにぜひお書きください。思いを分かち合っていただけると嬉しいです。

Amazon の『美の香り』のページから「カスタマーレビューを書く」を押し、レビューを書くことができます。

私のウェブサイト www.rogerwlowther.com からニュースレターに申し込むと私に直接メッセージをお送りいただけます。他の本や音楽のアルバムのプロジェクトについてもお読みいただけます。

皆さんからのメッセージを楽しみにしています。

著　書

The Broken Leaf: Art, Life, and Faith in Japan (Wipf and Stock, 2019)

［日本語版］『砕かれた葉―アメリカ人が見つけた芸術・生活・信仰』（いのちのことば社、2021）

Pippy the Piano and the Very Big Wave (Community Arts Media, 2020)

［日本語版］『ピアノのピッピーと黒い波』（コミュニティーアーツメディア、2020）

Aroma of Beauty (Community Arts Media, 2021)

［日本語版］『美の香り』（コミュニティーアーツメディア、2021）

美の香り

東日本の被災地で見つけた美

2021 年 03 月 01 日　　発　行

著　書　ロジャー・W・ラウザー
日本語協力　伊藤敦子
デザイン　ロジャー・W・ラウザー

発行所　コミュニティーアーツメディア
www.communityarts.jp
info@communityarts.jp

聖書新改訳解約 2017
翻訳　新日本聖書刊行会
〒 160-0004 東京都新宿区四谷 2-8
発行　いのちのことば社
〒 164-0001 東京都中野区中野 2-1-5

特に記載のない写真は著者によるものです。

www.rogerwlowther.com

ISBN 978-1-953704-13-9 HARDCOVER
ISBN 978-1-953704-14-6 PAPERBACK